Gunter Schmidt · Silja Matthiesen · Arne Dekker · Kurt Starke

Spätmoderne Beziehungswelten

Gunter Schmidt · Silja Matthiesen
Arne Dekker · Kurt Starke

Spätmoderne Beziehungswelten

Report über Partnerschaft
und Sexualität in drei Generationen

VS VERLAG FÜR SOZIALWISSENSCHAFTEN
MÄNGELEXEMPLAR

Bibliografische Information Der Deutschen Bibliothek
Die Deutsche Bibliothek verzeichnet diese Publikation in der Deutschen Nationalbibliografie;
detaillierte bibliografische Daten sind im Internet über <http://dnb.ddb.de> abrufbar.

1. Auflage Januar 2006

Alle Rechte vorbehalten
© VS Verlag für Sozialwissenschaften/GWV Fachverlage GmbH, Wiesbaden 2006

Lektorat: Frank Engelhardt

Der VS Verlag für Sozialwissenschaften ist ein Unternehmen von Springer Science+Business Media.
www.vs-verlag.de

Das Werk einschließlich aller seiner Teile ist urheberrechtlich geschützt. Jede Verwertung außerhalb der engen Grenzen des Urheberrechtsgesetzes ist ohne Zustimmung des Verlags unzulässig und strafbar. Das gilt insbesondere für Vervielfältigungen, Übersetzungen, Mikroverfilmungen und die Einspeicherung und Verarbeitung in elektronischen Systemen.

Die Wiedergabe von Gebrauchsnamen, Handelsnamen, Warenbezeichnungen usw. in diesem Werk berechtigt auch ohne besondere Kennzeichnung nicht zu der Annahme, dass solche Namen im Sinne der Warenzeichen- und Markenschutz-Gesetzgebung als frei zu betrachten wären und daher von jedermann benutzt werden dürften.

Umschlaggestaltung: KünkelLopka Medienentwicklung, Heidelberg
Druck und buchbinderische Verarbeitung: MercedesDruck, Berlin
Gedruckt auf säurefreiem und chlorfrei gebleichtem Papier

ISBN 3-531-14285-2

Inhalt

Vorbemerkung 9

Kapitel 1
Die Hamburg-Leipziger Drei-Generationen Studie 11
Worum geht es? 11
Wer wurde befragt? Die Stichproben 12
Was wurde gefragt? Der Interviewleitfaden 14
Wie repräsentativ sind die Ergebnisse? 16
Anmerkung zur Präsentation der Ergebnisse 20

Kapitel 2
Beziehungswandel 23

Frühes Erwachsenenalter 23
Nichteheliche Formen des Zusammenlebens setzen sich durch 23
Beziehungen werden serieller 26
Die Beziehungsneigung ist unverändert hoch 30
Zwei Ideale konkurrieren: Dauer und Beziehungsqualität 33
Serielle Beziehungen als Erprobungs- und Lernprozess 33

Mittleres Erwachsenenalter 36
Trends des frühen Erwachsenenalters setzen sich fort 37
Konsolidierung und Aufbruch 38
Zwischen Kontinuität und Serialität 38

Höheres Erwachsenenalter 42
Beziehungsbiographien: Kontinuität und Diskontinuität 42

"Gendering" des Alleinseins 46
Rückblicke auf ein langes Beziehungsleben 48
Beziehungsbiographietypen im Generationenvergleich 53
Das Verfahren der Optimal-Matching-Analysis 54
Junges Erwachsenenalter:
Von der ehedominierten zur seriellen Biographie 56
Mittleres Erwachsenenalter: Abnehmende Ehedominanz 59
Biographietypen 60-Jähriger 62
Der Einfluss der sozialen Schicht 65

Kapitel 3
Beziehungsleben 69
Singleperioden und Singles 69
Singleperioden als Übergangsphänomen 69
Singletypen in den drei Generationen 71
Ambivalenzen der Singles 73
Singlesex 74
Leben mit Partnern 76
Was wird aus nichtkonventionellen Beziehungen? 76
Drei Beziehungsformen im Vergleich 80
Was hält Beziehungen zusammen? 83
Bedeutungen der Sexualität für die Beziehung 88
Leben mit Kindern 92
Aufschub der Elternschaft 92
Vervielfältigung der Lebensformen mit Kindern 95
Alltagsorganisation und Arbeitsteilung 97
Sexleben von Eltern 102
Trennungen aus Beziehungen mit Kindern 104
Zerrüttete und devitalisierte Partnerschaften 107
Gleichgeschlechtliche Beziehungen 110

Kapitel 4
Sexualleben 113
Sexuelle Universen 113
Immer weniger Sex ist ehelich 113
Sexualität als Beziehungsmonopol 114
Masturbation und Partnersex koexistieren 115
Sexualität im Verlauf heterosexueller Beziehungen 121
Beziehungsdauer und sexuelle Aktivität 121
„Gendering" sexueller Wünsche im Verlauf von Beziehungen 126
Vervielfältigung sexueller Praxen? 130
Sexuelle Praktiken heterosexueller Paare 130
Lockerung monosexueller Fixierung? 131
Untreue: Affären und Seitensprünge 133
Sexuelle Probleme in festen Beziehungen 137
Sexuelle Klagen und Probleme 60-jähriger Männer und Frauen 138
Sexuelle Klagen im jungen und mittleren Erwachsenenalter 141
Geschlechtsunterschiede im Erleben der Partnersexualität 143

Kapitel 5
Abschließende Überlegungen 147
Zukünftige Beziehungsbiographien 147
Einengungen der Familiensoziologie 148
Reine Beziehungen 150
„Emotionale Demokratie" oder Wegwerfbeziehungen? 154

Literatur 155

Vorbemerkung

Die hier vorgelegte Untersuchung über die Sexual- und Beziehungsbiographien dreier Generationen setzt die empirischen Arbeiten der Abteilung für Sexualforschung der Universität Hamburg und des Zentralinstituts für Jugendforschung der DDR bzw. der Forschungsstelle „Partner- und Sexualforschung" in Leipzig über den sozialen Wandel der Sexualität in den letzen Jahrzehnten fort (vgl. u.a. Giese und Schmidt 1968, Sigusch und Schmidt 1973, Clement 1986, Clement und Starke 1988, Schmidt 1993, 2000; sowie Starke und Friedrich 1984, Starke und Weller 2000, Weller und Starke 1993, 2000). Stärker als in den vorangegangenen Erhebungen stellen wir diesmal Beziehungsformen und Beziehungsverläufe in den Mittelpunkt der Studie.

Unser Dank gilt zuerst und vor allem den 776 Frauen und Männern aus Hamburg und Leipzig, die bereit waren, uns ihre Sexual- und Beziehungsgeschichte zu erzählen. Die Autoren dieses Buches haben nur 16% der Interviews erhoben. Zu großem Dank sind wir den Studentinnen und Studenten der Psychologie und der Soziologie verpflichtet, die die Gespräche mit Engagement und Sorgfalt führten. Es waren dies in Leipzig: Volkmar Abel, Christoph Büttner, Susann Haselbauer, Melanie Helbig, Michael Hellenbach, Franziska Krüger, Annett Reichert, Andrea Schubert und Frank Teubner. Zum Hamburger Team gehörten: Heike Bongers, Ayla Cankaya, Nicole Drost, Claudia Gisbert y Gaser, Annette Grunwaldt, Ute Meyerhof, Johannes von Stritzky, Kai Stupperich und Verena Warncke. Ulrich Clement beriet uns bei der Konstruktion des Interviewleitfadens, Margret Hauch unterstützte uns bei der Auswertung spezieller Fragestellungen. Ganz herzlich danken wir Uta Starke, die in Leipzig die Stichprobenerhebung und die Befragung hervorragend organisierte und die Leipziger Interviewerinnen und Interviewer motivierte, betreute und supervidierte.

In diesem Buch stellen wir die zentralen Ergebnisse der Studie vor. Zwei weitere Monographien befassen sich mit hier wenig berücksichtigten Resultaten und Fragestellungen: Kurt Starke (2005) analysiert Ost-West Unterschiede in der sozialen Organisation von Sexualität, Partnerschaft und Familie vor dem Hintergrund unterschiedlicher familienpolitischer Entwicklungen und Konzepte in der DDR und der BRD. Silja Matthiesen (in Vorb.) untersucht Beziehungsverläufe mit Hilfe eines komplexen statistischen Verfahrens („Optimal-Matching-Analyse") und stellt die Ergebnisse einer qualitativen Studie über die Verläufe lebenslanger Beziehungen älterer Paare vor.

Das Forschungsvorhaben wurde von der DFG gefördert (Schm 261/7-1,2). Der „Stern" unterstützte uns großzügig bei der Beschaffung der für das Projekt notwendigen Hardware.

Hamburg und Leipzig, Herbst 2005

Kapitel 1
Die Hamburg-Leipziger
Drei-Generationen-Studie

Worum geht es?

Schon einfache demographische Daten belegen einen deutlichen Wandel des Beziehungsverhaltens in den letzten vier Jahrzehnten (vgl. Übersichten bei Peuckert 2004, Schneider 2002): Weniger Frauen und Männer heiraten jemals in ihrem Leben und diejenigen, die überhaupt heiraten, tun es später, haben weniger Kinder und lassen sich häufiger scheiden. Die durchschnittliche Lebenszeit, die Erwachsene in Ehen und in Familien mit eigenen Kindern verbringen, ist also trotz der gestiegenen Lebenserwartung erheblich kürzer geworden und nimmt weiterhin ab. Weniger, spätere und kürzere Ehen schaffen den zeitlichen Rahmen für nichtkonventionelle Partnerschaften („living apart together", unverheiratet zusammenwohnen). Die genannten Trends gelten nicht nur für die Bundesrepublik, sondern für alle Länder der EU, auch für überwiegend katholische Länder wie Spanien, Portugal oder Italien (und natürlich auch für die USA und Kanada). Es handelt sich um globale Prozesse in den westlichen Industriegesellschaften.

Nachdem die Ehe ihr Monopol verloren hat, Sexualität zu legitimieren, verliert sie nun ihr Monopol, Beziehungen und Familien zu definieren. Die amtlichen Statistiken geben wichtige, aber unvollständige Informationen über diese Veränderungen. Sie unterschätzen die Dynamik des sozialen Wandels, da sie nur über die traditionelle Form des Zusammenlebens, nämlich die Ehe, und nur über die traditionelle Form der Trennung, nämlich die Scheidung, Auskunft geben. Entsprechend werden in diesen Statistiken wichtige Teile der Beziehungswirklichkeit ausgeblendet. Vier Zahlen aus unserer Studie an 30-, 45- und 60-jährigen großstädtischen Frauen und Männern, deren Ergebnisse wir in den folgenden Kapiteln vorstellen, sollen dies vorweg erhellen:

- Von den 2585 festen Beziehungen, über die unsere 776 Befragten berichteten, waren nur 23% ehelich;
- von den 1956 Trennungen, die sie im Lauf ihres Lebens erlebt hatten, waren nur 9% Scheidungen;
- von den 17229 Jahren, die die Befragten in festen Beziehungen gelebt hatten, waren nur 58% Ehejahre;

- von den 3439 Geschlechtsverkehren, die die Befragten in den 4 Wochen vor dem Interview praktiziert hatten, waren lediglich 44% ehelich.

Wie organisieren Frauen und Männer ihr Beziehungs- und Sexualleben jenseits von Ehe und traditioneller Familie? Ziel unserer Studie ist es, Beziehungsformen und Beziehungsverläufe sowie Veränderungen von Sexual- und Beziehungsmustern in drei Generationen zu untersuchen und dabei den auf die Ehe eingeengten Blick zu erweitern.

Wer wurde befragt? Die Stichproben

Im Frühjahr und Sommer des Jahres 2002 interviewten wir 776 Männer und Frauen aus Leipzig und Hamburg, die 1942, 1957 bzw. 1972 geboren, also zum Zeitpunkt der Erhebung 60, 45 oder 30 Jahre alt waren (vgl. Tab. 1.1). Nach der Zeit ihres Heranwachsens und ihrer sexuellen Sozialisation nennen wir

- die 1942 geborenen Frauen und Männer die *„vorliberale Generation"* – sie erlebten ihre Jugend in den späten 1950ern und frühen 1960ern und waren junge, oft schon verheiratete Erwachsene, als der sexuelle Liberalisierungsschub einsetzte;
- die 1957 geborenen Frauen und Männer die *„Generation der sexuellen Revolution"* – sie erlebten ihre Jugend in den 1970ern, also auf der Höhe der sexuellen Liberalisierung und am Anfang der (feministischen) Geschlechterdebatte;
- die 1972 geborenen Frauen und Männer die *„Generation der Gender Equalisation"* (in Anlehnung an die finnischen Soziologen Haavio-Mannila, Kontula und Rotkirch, 2002) – sie wuchsen in den späten 1980ern und frühen 1990ern auf, also nach dem Liberalisierungsschub und in einer Zeit, in der Frauen immer stärker gleiche Rechte und Möglichkeiten, auch in Sexualität und Partnerschaft, einforderten und durchsetzten.[1][2]

---

1 Die kollektiven Erfahrungen dieser drei Generationen lassen sich selbstverständlich nicht nur und vermutlich nicht einmal in erster Linie auf Unterschiede in der sexuellen Sozialisation reduzieren, wie wir es hier vereinfachend tun (vgl. dazu Matthiesen 2005). So sind die 1942 Geborenen Kriegskinder, die 1957 Geborenen „Wirtschaftswunder"-Kinder, die 1972 Geborenen Wohlstandskinder. Eine der vielen Konsequenzen dieser Differenz ist zum Beispiel, dass von ersteren 26%, von letzteren 10% (Jahrgang 1957) bzw. 2% (Jahrgang 1972) den Vater durch Tod in ihrer Kindheit verloren.

2 Die Generationen der um 1942, um 1957 und um 1972 Geborenen waren auch die Zielgruppen unserer Längsschnittuntersuchungen an Studierenden (Giese und Schmidt 1968, Clement 1986, Schmidt 2000) und an Großstadtjugendlichen (Sigusch und

Wir begrenzten unsere Untersuchung auf die großstädtische Bevölkerung, da die Veränderungen des Beziehungsverhaltens hier am weitesten vorangeschritten sind.[3] Aus forschungsökonomischen Gründen erhoben wir in jeweils nur einer Stadt der alten und der neuen Bundesländer Daten, und zwar in Hamburg und Leipzig. In Hamburg wurden nur zentrumsnahe Stadtteile berücksichtigt; in Leipzig kamen die Befragten aus dem gesamten Stadtgebiet. Die Einengung des Befragungsraumes in Hamburg hatte zwei Gründe: Zum einen waren wir an der „eigentlichen Stadtbevölkerung" in besonderem Maße interessiert; zum anderen wurde die Durchführung der Erhebung dadurch erheblich vereinfacht.

Tab. 1.1: Übersicht über die Stichprobe (n=776)

	Geburtsjahr	Alter bei Interview	Fallzahl
„Die vorliberale Generation"	1942	60 Jahre	258
„Die Generation der sexuellen Revolution"	1957	45 Jahre	255
„Die Generation der Gender Equalisation"	1972	30 Jahre	263

Die Adressen wurden nach einem Zufallssystem von den jeweiligen Einwohnermeldeämtern zur Verfügung gestellt. Nach der Erhebung wurden alle Adressen gelöscht. Die so ausgewählten Hamburger und Leipziger Männer und Frauen der drei Geburtsjahrgänge erhielten von uns einen ausführlichen Brief, in dem sie über die Fragestellung und den Sinn der Studie informiert und um ein Interview gebeten wurden. Die Anonymität ihrer Angaben wurde zugesichert. Diejenigen Männer und Frauen, deren Telefonnummer wir im öffentlichen Telefonbuch oder bei der Auskunft finden konnten, riefen wir einige Tage nach Absendung des Briefes an, um einen Termin zu vereinbaren. Männer und Frauen, die kein Telefon hatten oder ihre Nummer nicht im Telefonbuch ausweisen ließen, baten wir, über eine beigelegte Antwortkarte, telefonisch oder über E-Mail mit uns Kontakt aufzunehmen. Diese Gruppe erhielt nach 14 Tagen noch einmal ein Erinnerungsschreiben.[4] Das geschilderte Stichprobenverfahren wurde mit dem Hamburger Datenschutzbeauf-

---

Schmidt 1973, Schmidt 1993). Für die Leipziger bzw. ostdeutsche Population dieser Generationen liegen ebenfalls frühere Untersuchungen vor (vgl. Starke und Friedrich 1984, Starke und Weller 2000, Weller und Starke 2000).

3 Die Förderung eines Anschlussprojektes über Beziehungs- und Sexualbiographien der ländlichen und kleinstädtischen Bevölkerung in drei Regionen (Norddeutschland, Sachsen, Südwestdeutschland) lehnten die Gutachter der DFG ab (Schm 261/9-1).

4 Nur für 59% der ausgewählten Probanden war eine Telefonnummer auszumachen, in Leipzig (53%) seltener als in Hamburg (64%). Besonders selten machen die 30-Jährigen ihre Telefonnummer öffentlich bekannt (48% gegenüber 70% der 60-Jährigen). Dies wirft ein Licht auf die große Seligierungsproblematik von Stichproben in Telefonumfragen.

tragen abgestimmt und von ihm und dem sächsischen Innenministerium gebilligt.

Natürlich waren nicht alle Frauen und Männer unserer Auswahl zu einem Interview bereit. Von denen, die wir telefonisch erreichten, stimmten 39% einem Interview zu, Jüngere häufiger als Ältere. Von denen, deren Telefonanschluss wir nicht ermitteln, die wir also telefonisch nicht motivieren und von der Relevanz der Studie überzeugen konnten, meldeten sich lediglich 14%, um ein Interview mit uns zu vereinbaren, Hamburger, Frauen und Jüngere etwas häufiger als Leipziger, Männer und 60-Jährige. Insgesamt betrug die Teilnahmequote 27% (vgl. Tabelle 1.2). Auf die Auswirkungen der Verweigerer auf unsere Ergebnisse kommen wir gleich zurück.

Tab. 1.2: Teilnahmequoten nach Geschlecht, Generation, Stadt und Kontaktaufnahme (in %)[1]

	Geschlecht		Generation			Stadt		Gesamt
	Männer	Frauen	1942	1957	1972	Hamburg	Leipzig	
Kontaktaufnahme								
Brief und Telefon	39	39	33	39	51	40	38	39
nur Brief	10	17	12	10	17	18	10	14
Gesamt	25	29	26	26	29	30	24	27

1 Insgesamt wurden 3335 Briefe mit der Bitte um ein Interview versandt. Mit 478 (14%) der Angeschriebenen kam kein Kontakt zustande, da sie postalisch nicht erreichbar waren oder der Interviewer/die Interviewerin sie in mindestens fünf Telefonanrufen, die über mindestens eine Woche verteilt waren, nicht erreichen konnten. Den in der Tabelle gezeigten Teilnahmequoten liegt die Anzahl der erreichten Angeschriebenen (2857) zugrunde.

Was wurde gefragt? Der Interviewleitfaden

12 Frauen und 9 Männer führten die computergestützten „face-to-face" Interviews. Sie gehörten zum engeren Forschungsteam oder waren Studentinnen und Studenten der Psychologie oder Soziologie an den Universitäten Hamburg bzw. Leipzig. Sie wurden für die Interviews besonders geschult. Zwei Drittel der Befragten wollten das Interview in den Räumen der Universität Hamburg bzw. Leipzig führen, ein Drittel bevorzugte ihr Zuhause als Interviewort.[5] Die Interviews dauerten 30 bis 180, im Durchschnitt 74 Minuten, bei den 60- und 45-Jährigen etwas länger als bei den 30-Jährigen (78 bzw. 67 Minuten).

---

5 Die in der Universität Interviewten bekamen eine Aufwandsentschädigung von 10.- bis 20.-. Wir hatten die Zahl der Befragten, die das Interview lieber in der Uni als zu Hause führen wollten, unterschätzt und mussten die Aufwandsentschädigung im Verlauf der Studie aus Budgetgründen heruntersetzen. Die zu Hause Befragten bekamen als Dank wahlweise eine Flasche Wein oder eine Schachtel Konfekt.

Das standardisierte Interview, in dem auch viele offene Fragen gestellt wurden, umfasst etwa 400 Fragen bzw. Fragenkomplexe und behandelt folgende Themen[6]:

- A. *Angaben zur Person* (demographischer Hintergrund, Herkunftsfamilie), 36 Fragen bzw. Fragenkomplexe;
- B. *Gegenwärtige feste Beziehung* (für Befragte in festen Beziehungen) (formale Merkmale wie Dauer, Beziehungsform; Kinder; Angaben über den Partner bzw. die Partnerin; Beziehungsalltag; Zusammenhalt und Emotionen; Beziehungskrisen; sexuelles Verhalten und Erleben, sexuelle Konflikte; Treue und Außenbeziehungen; Beziehungszufriedenheit; Perspektiven), 164 Fragen bzw. Fragenkomplexe;
- C: *Gegenwärtige Singlephase* (für Singles) (Dauer; Partnersuche; sexuelles Verhalten und Probleme; Details zur letzten Trennung; Perspektiven), 64 Fragen bzw. Fragenkomplexe;
- D: *Beziehungsbiographie* (Basisdaten zu allen bisherigen festen Beziehungen wie Beginn und Ende, Dauer, Beziehungsform, sexuelle Außenbeziehungen; Basisdaten zu allen Singlephasen wie Beginn und Ende, Dauer, Sexualpartner), 58 Fragen bzw. Fragenkomplexe
- E. *Trennungen/Scheidungen mit Kindern* (Details zur Trennung; Arrangements der Kinderversorgung im zeitlichen Verlauf; neue Beziehung nach der Trennung), 41 Fragen bzw. Fragenkomplexe
- F. *Sexualbiographie* (sexuelle „Meilensteine"; sexuelle Orientierung; Erfahrungen mit Prostitution; Umgang mit HIV-Bedrohung; Schwangerschaften, Fehlgeburten und Abtreibungen; Online-Sex), 31 Fragen bzw. Fragenkomplexe
- G. *Abschließende Fragen* (Bilanzierung des Beziehungslebens; Angaben des Interviewers bzw. der Interviewerin über Dauer und Ort des Gesprächs, Kommentar des Interviewers bzw. der Interviewerin über Verlauf des Gesprächs), 11 Fragen bzw. Fragenkomplexe

Als Definition für eine „*feste Beziehung*" legten wir die Selbstdefinition der Befragten zu Grunde: Für uns ist eine feste Beziehung das, was die Befragten als solche benennen, und zwar unabhängig von der Dauer und dem Familienstand. Die Befragten hatten wenig Schwierigkeiten, die Frage, ob sie gegenwärtig oder in einer bestimmten Zeit ihres Lebens in einer festen Beziehung leben oder lebten, entschieden zu beantworten. Die Selbstdefinition ist offenbar eindeutig.[7]

---

6 Da bestimmte Abschnitte des Leitfadens nur spezielle Teilstichproben betrafen (zum Beispiel Befragte in festen Beziehungen, oder Singles, oder Männer und Frauen, die sich schon einmal aus einer Partnerschaft mit Kindern getrennt hatten), umfassten die Interviews zwischen 150 und 300 Fragen bzw. Fragenkomplexe. Der Interviewleitfaden kann bei den Autoren angefordert werden (schmidt@ise39.de).

7 Klein (1999) schlägt vor, Paare, die nicht verheiratet sind oder die nicht zusammen wohnen, nur dann als in „fester Beziehung lebend" zu kategorisieren, wenn sie seit mindestens einem Jahr zusammen sind. Dadurch wird ein Befragter, der zum Beispiel seit 11 Monaten in einer fester Beziehung lebt, als „Single" eingestuft. Wir gehen von der Selbstdefinition der Befragten aus, weil das nach unseren Erfahrungen der Lebenswirklichkeit und dem Verständnis der Befragten gerechter wird als das formale Kriterium „ein Jahr".

Auch im Hinblick auf eine weitere zentrale Kategorie unserer Erhebung, nämlich „*sexuelle Aktivität*", überließen wir den Befragten die Definitionsmacht. Wir fragten sie zunächst nach ihrem Sprachgebrauch und sprachen dann im Interview je nach Präferenz von „Miteinander schlafen" oder „Sex haben". Während der Begriffsklärung wurde auch besprochen, dass „Miteinander schlafen" oder „Sex haben" nicht Geschlechtsverkehr im engeren Sinne (vaginale Penetration) bedeuten muss, sondern alle sexuellen Praktiken umfassen kann. Allerdings schließen nach unseren Daten 95% aller heterosexuellen Sexualakte den vaginalen Geschlechtsverkehr ein. Im Folgenden verwenden wir die Begriffe „Sex haben", „Miteinander schlafen", „Geschlechtsverkehr" und „Koitus" synonym und unabhängig davon, ob der Sexualakt gleichgeschlechtlich oder gegengeschlechtlich erfolgte und ob er „vaginal penetrativ" war oder nicht.

Wie repräsentativ sind die Ergebnisse?

Wir haben oben darauf hingewiesen, dass von den zufällig ausgewählten Männern und Frauen der Indexpopulationen nur 27% an der Befragung teilnahmen. Die Teilnahmequote beeinflusst unsere Ergebnisse. Es gibt drei Möglichkeiten, den Verweigererfehler zu untersuchen (vgl. dazu Johnson und Coppas 1997):

(1) *Der Vergleich von Teilnehmer/innen mit Verweigerern*. Ein großer Teil derjenigen Männer und Frauen (66%)[8], die wir *telefonisch* um ein Interview baten und die nicht teilnehmen wollten, machten am Telefon Angaben über ihre Partnersituation, ihren Familienstand und die Anzahl ihrer Kinder, also zu zentralen Fragen unserer Studie. Tabelle 1.3 stellt die Ergebnisse zusammen. Danach leben die Interviewten der beiden jüngeren Jahrgänge (1957, 1972) etwas häufiger als die Verweigerer in nichtkonventionellen Beziehungsformen, und sie sind etwas seltener verheiratet. Diese Unterschiede sind allerdings nur in einer Generation (1957 Geborene) statistisch signifikant (auf dem 10% Niveau). Der Anteil der Singles und der Anteil derjenigen, die mindestens ein Kind haben, unterscheiden sich bei Befragten und Verweigerern nicht. Eine differenzierte Analyse nach Befragungsort (Tabelle 1.4) ergibt, dass die Unterschiede zwischen Verweigerern und Teilnehmern nur bei den Hamburgern zu beobachten sind. Daraus folgt, dass wir in unserer Studie zweierlei leicht *überschätzen*: zum einen die Verbreitung nichtkonventioneller Muster der Hamburger und zum anderen die Stadtunterschiede im Hinblick auf diese Muster.

---

8 Die Altersgruppen unterscheiden sich dabei nur geringfügig: 70% der 60-Jährigen, 62% der 45-Jährigen und 65% der 30-Jährigen nahmen an der telefonischen Kurzbefragung teil.

Tab. 1.3: Analyse des Verweigererfehlers (1):
Gegenwärtiger Beziehungsstatus und Elternstatus von
Teilnehmern und Verweigerern, nach Generation (in %)

	1942 (60-Jährige)		1957 (45-Jährige)		1972 (30-Jährige)	
	Teiln. n=218	Verw. n=299	Teiln. n=210	Verw. n=192	Teiln. n=164	Verw. n=93
gegenwärtiger Beziehungsstatus [1,2]						
Single	22	21	19	20	26	30
„Lat"	7	5	14	9	23	15
„Cohab"	5	4	12	9	27	24
Ehe	67	70	55	62	25	31
	ns		.10		ns	
Elternstatus						
hat Kind/er	81	84	78	72	26	35
	ns		.01		ns	

1 Single: keine feste Beziehung; „Lat" („Living apart together"): feste Beziehung, nicht zusammen wohnend; „Cohab" („cohabiting"): feste Beziehung, zusammenlebend; Ehe: feste Beziehung, verheiratet.
2 Für die Signifikanzberechnungen wurden die Kategorien „Lat" und „Cohab" zusammengefasst.

Tab. 1.4: Analyse des Verweigererfehlers (2):
Gegenwärtiger Beziehungsstatus (Ehe) von Teilnehmern und
Verweigerern, nach Generation und Stadt (in %)

	1942 (60-Jährige)		1957 (45-Jährige)		1972 (30-Jährige)	
	Teiln.	Verw.	Teiln.	Verw.	Teiln.	Verw.
Hamburg	n=128	n=187	n=108	n=101	n=100	n=47
Ehe	56	67	43	54	17	26
andere [1]	44	33	57	46	83	74
	.10		.10		ns	
Leipzig	n=90	n=112	n=102	n=91	n=64	n=46
Ehe	82	76	68	71	38	37
andere [1]	18	24	32	29	62	73
	ns		ns		ns	

1 „Single", „Lat" und „Cohab" zusammengefasst.

(2) Der Vergleich von Daten unserer Stichprobe mit denen aller Hamburger bzw. Leipziger der untersuchten Altersgruppen nach Merkmalen, die für unsere Studie relevant sind und die die statistischen Landesämter ausweisen. Tabelle 1.5 zeigt den Anteil der Verheirateten und Geschiedenen in Stichprobe und Bevölkerung. In Hamburg sind die Verheirateten in unserer Stichprobe unterrepräsentiert, die Geschiedenen hingegen überrepräsentiert. Auch nach dieser Analyse unterschätzen wir für Hamburg die Verbreitung konven-

tioneller Lebensformen. Für Leipzig ist eher der gegenläufige Trend zu beobachten, hier ist die Stichprobe, gemessen am Familienstatus, etwas konventioneller als die Population. Diese unterschiedlichen Trends legen wieder den Schluss nahe, dass wir in unserer Studie das Ausmaß der Unterschiede zwischen Hamburg und Leipzig in Bezug auf nichtkonventionelle Lebensformen tendenziell überschätzen.

Tab. 1.5: Analyse des Verweigererfehlers (3): Verheiratete und Geschiedene in der Stichprobe und in der Bevölkerung, nach Generation und Stadt (in %)[1]

	1942 (60-Jährige)		1957 (45-Jährige)		1972 (30-Jährige)	
	Stichp.	Bevölk.	Stichp.	Bevölk.	Stichp.	Bevölk.
Hamburg	n=151	n=12979	n=138	n=14775	n=160	n=18832
verheiratet, zusammenebend	58	64	44	55	18	28
geschieden	25	18	22	15	1	3
Leipzig	n=107	n=7069	n=117	n=6696	n=103	n=6570
verheiratet, zusammenlebend	81	75	68	65	34	25
geschieden	9	13	21	18	4	2
Gesamt	n=258	n=20048	n=255	n=21471	n=263	n=25402
verheiratet, zusammenlebend	67	68	55	58	24	28
geschieden	18	16	22	16	2	3

1 Quelle der Bevölkerungsdaten: Statistisches Landesamt Hamburg, Melderegister 2001, die Zahlen beziehen sich auf die Bevölkerung der von uns untersuchten Stadtteile. Statistisches Landesamt Leipzig, Melderegister 2001, die Zahlen beziehen sich auf die Bevölkerung Leipzigs.

(3) Der Vergleich derjenigen Interviewten, die wir telefonisch rekrutierten (Telefongruppe) mit denjenigen, die wir sich mit einer Antwortkarte zum Interview meldeten (Kartengruppe). Letztere mussten besonders viel Eigeninitiative entwickeln, um teilzunehmen, also für eine solche Studie besonders hoch motiviert sein; erstere wurden durch die telefonische Nachfrage stärker „fremd motiviert" und dürften deshalb den tatsächlichen Verweigerern ähnlicher sein als die „Kartengruppe". In allen drei Altersstufen ist der Anteil Verheirateter in der Briefgruppe geringer als in der Telefongruppe, dieser Unterschied ist allerdings nur für die 1957 Geborenen statistisch signifikant (Tabelle 1.6). Man kann daraus schließen, dass Nicht-Verheiratete eine größere Bereitschaft hatten, sich auf unsere Studie zu einzulassen.[9]

9 Eine Aufschlüsselung der Daten nach dem Merkmal „Stadt" ist wegen der kleinen Fallzahlen nicht sinnvoll.

Tab. 1.6: Analyse des Verweigererfehlers (4):
Gegenwärtiger Beziehungsstatus und Elternstatus von Befragten, die telefonisch bzw. über Antwortkarten rekrutiert wurden, nach Generation (in %)

	1942 (60-Jährige)		1957 (45-Jährige)		1972 (30-Jährige)	
	Telefon n=218	Karte n=40	Telefon n=210	Karte n=45	Telefon n=164	Karte n=99
gegenwärtiger Beziehungsstatus [1,2]						
Single	22	23	19	33	26	27
„Lat"	7	8	14	20	23	24
„Cohab"	5	15	12	9	27	32
Ehe	67	55	55	38	25	16
	ns		.06		ns	
Elternstatus						
hat Kind/er	81	80	78	80	26	25
	ns		ns		ns	

1 Single: keine feste Beziehung; „Lat" („Living apart together"): feste Beziehung, nicht zusammen wohnend; „Cohab" („cohabiting"): feste Beziehung, zusammenlebend; Ehe: feste Beziehung, verheiratet.
2 Für die Signifikanzberechnungen wurden die Kategorien „Lat" und „Cohab" zusammengefasst.

Alle drei Möglichkeiten, den Effekt des Verweigererfehlers zu beurteilen, sprechen dafür, dass wir in unserer Stichprobe das Vorkommen nichtkonventioneller – und das heißt hier: nichtehelicher – Lebensformen vor allem in Hamburg etwas überschätzen. Dies hängt vermutlich damit zusammen, dass unter den Befragten Abiturienten überrepräsentiert (Tabelle 1.7) sind.[10] Mit zunehmender Bildung steigt offenbar die Bereitschaft, an unserer Studie teilzunehmen. Dadurch ist unsere Stichprobe zur Mittelschicht verschoben.[11] Da wir eine nord- und eine ostdeutsche Großstadt ausgewählt haben, sind Katholiken erheblich unterrepräsentiert (Tabelle 1.7). Insgesamt lässt sich resümieren: Erstens, unsere Stichprobe überschätzt leicht nichtkonventionelle, mittelschichtige Beziehungsformen und gilt für die nicht-katholische Großstadtbevölkerung; zweitens unsere Studie überschätzt tendenziell das Aus-

---

10 Der Anteil der Abiturienten ist in allen drei Jahrgängen unserer Stichprobe etwa doppelt so hoch wie in der Population aller Bundesbürger/innen dieser Jahrgänge: 65% (Stichprobe) vs. 32% (Bund) bei den 1972 Geborenen, 47% vs. 23% bei den 1957 Geborenen, und 31% vs. 14% bei den 1942 Geborenen (Quelle: Statistisches Bundesamt, „Bildung im Zahlenspiegel 2002"). Diese Unterschiede sind zum einen durch die Beschränkung unserer Studie auf Großstädter und Großstädterinnen bedingt und zum anderen durch eine bildungsabhängige Teilnahmebereitschaft.
11 Den Effekt, den dies auf unsere Statistiken hat, untersuchen wir weiter unten (S. 65ff.).

maß der Stadtunterschiede in Bezug auf die Verbreitung nichtkonventioneller Lebensformen zugunsten Hamburgs. Diese Besonderheiten unserer Stichprobe müssen bei der Interpretation der Ergebnisse berücksichtigt werden.

Tab. 1.7: Hintergrunddaten der Befragten nach Geschlecht, Generation und Stadt (in %)

	Geschlecht		Generation			Stadt	
	Männer n=357	Frauen n=419	1942 n=258	1957 n=255	1972 n=263	Hamburg n=449	Leipzig n=327
Schulbildung							
Abitur	49	47	31	47	65	50	45
Konfession							
keine	61	53	55	64	51	44	73
evangelisch	30	38	37	28	37	45	20
katholisch	8	8	7	7	11	10	6
andere	1	1	1	2	2	2	1
Arbeitsstatus							
Vollzeit erwerbst.	64	46	38	65	60	56	51
Teilzeit erwerbst.	6	18	12	16	10	15	9
Studium	4	4	–	–	12	4	5
Renter/in	9	8	23	2	–	8	9
arbeitslos	15	12	19	11	10	9	20
andere	2	12	8	6	8	8	6
jemals verheiratet	62	67	92	78	26	57	76
hat Kinder	59	62	81	78	25	50	76
sexuelle Orientierung[1]							
heterosexuell	94	98	97	97	95	95	98
bi-/homosexuell	6	2	3	3	5	5	2

1 Selbstdefinition der Befragten.

Anmerkung zur Präsentation der Ergebnisse

In den folgenden Kapiteln werden wir die erhobenen Daten in erster Linie entlang der „Mastervariablen" Jahrgang, Geschlecht, Stadt, Beziehungsstatus und Beziehungsform auswerten. Die Fallzahlen der entsprechenden Teilstichproben sind in Tabelle 1.8. zusammengestellt. Der Übersicht halber verzichten wir in unseren Graphiken und Tabellen darauf, die Fallzahlen zu nennen, wenn sie sich auf die in Tabelle 1.8 beschriebenen Teilstichproben beziehen. Nur dann, wenn dies nicht zutrifft, werden wir die Fallzahlen, auf denen die Statistiken beruhen, in den Tabellen/Graphiken nennen. Signifikanzberechnungen erfolgten mit dem chi-Quadrat-Verfahren, wenn es in den Tabellen und Graphiken nicht anders vermerkt ist.

Tab. 1.8: Übersicht über die Fallzahlen der Teilstichproben

	1942 (60-Jährige)			1957 (45-Jährige)			1972 (30-Jährige)		
	Männer	Frauen	Ges.	Männer	Frauen	Ges.	Männer	Frauen	Ges.
Alle	125	133	258	109	146	255	123	140	263
Stadt									
Hamburg	73	78	151	58	80	138	76	84	160
Leipzig	52	55	107	51	66	117	47	56	103
Beziehungsstatus[1]									
Single	18	38	56	24	31	55	33	36	69
in fester Bez.[2]	107	95	202	85	115	200	90	104	194
Beziehungsform[1]									
„Lat"[3]	9	9	18	17	21	38	32	29	61
„Cohab"[4]	12	4	16	13	17	30	34	42	76
Ehe	86	82	168	55	77	132	24	33	57

1 Zum Zeitpunkt der Befragung.
2 Selbstdefinition der Befragten (vgl. S. 15).
3 „Lat" („Living apart together"): feste Beziehung, nicht zusammen wohnend.
4 „Cohab" („cohabiting"): feste Beziehung, unverheiratet zusammenlebend.

Kapitel 2
Beziehungswandel

In diesem Kapitel dokumentieren wir den sozialen Wandel des Beziehungslebens großstädtischer Männer und Frauen für drei Lebensperioden, und zwar für das frühe (bis 30 Jahre), mittlere (31-45 Jahre) und höhere (46-60 Jahre) Erwachsenenalter.

Für uns ist eine feste Beziehung das, was die Befragten als solche benennen (vgl. S. 15). Wir unterscheiden vier Beziehungsmuster oder -formen[1]:

- *Single:* keine feste Beziehung[2]
- *Lat*: feste Beziehung, getrennt wohnend („getrennt Zusammenleben", „Living apart together")
- *Cohab*: feste Beziehung, zusammen wohnend („unverheiratet Zusammenwohnen", „cohabiting")[3]
- *Ehe*: feste Beziehung, verheiratet

Frühes Erwachsenenalter

Nichteheliche Formen des Zusammenlebens setzen sich durch

Leben heute 30-Jährige anders als 45- und 60-Jährige, als diese 30 Jahre alt waren? Ja, und zwar in starkem Ausmaß (Abb. 2.1, oberste Zeile der Matrix).

---

1 Klein (1999) schlägt die gleiche Einteilung vor, definiert als „getrennt zusammenlebend" (bei ihm „Partnerschaft ohne gemeinsamen Haushalt") aber nur Paare, die seit mindestens einem Jahr zusammen sind (vgl. Fußnote S. 15). Wir hingegen gehen von der Selbstdefinition der Befragten aus. Folgt man Kleins Kategorisierung, dann klassifiziert man viele Befragte als „Single", die sich nicht als „Single" sehen und überschätzt entsprechend den Anteil der Singles. In unserer Studie stiege der Anteil der Singles in der Gesamtstichprobe von 23% auf 28%, bei den 30-Jährigen sogar von 26% auf 36%.

2 Unsere Definition des Single bezieht sich allein auf den Partnerstatus. Danach ist auch jemand „Single", der mit Kindern lebt, aber gegenwärtig keine feste Beziehung hat. Für andere Definitionen des Single vgl. Hradil 2003.

3 In der deutschen Fachliteratur (vgl. u.a. Klein 1999, Schneider 2002, Peuckert 2004) wird diese Beziehungsform als „nichteheliche Lebensgemeinschaft" (NEL) bezeichnet. Wir wählen den im angelsächsischen Sprachgebrauch üblichen Ausdruck „Cohabiting", weil er ohne Bezug auf die Ehe („nichtehelich") auskommt.

Die überwiegende Mehrheit der 30-jährigen Großstädter lebt heute in nichtkonventionellen Beziehungen, das heißt „getrennt Zusammensein" und „Cohabiting" sind längst der Regelfall in dieser Gruppe geworden; nur eine Minderheit, in Hamburg nicht einmal 20%, ist verheiratet.[4] Bei den 1942 Geborenen hingegen waren überwiegende Mehrheiten, in Leipzig über 80%, im Alter von 30 schon verheiratet. Die 45-Jährigen nehmen eine mittlere Position ein. Das bedeutet, dass sich der Wandel der im frühen Erwachsenenalter präferierten Beziehungsformen fortgesetzt hat, also ein „ongoing process" ist. Der beschriebene Trend ist in Hamburg deutlich stärker ausgeprägt als in Leipzig. Wir treffen hier zum ersten Mal auf den Befund, dass der soziale Wandel des Beziehungslebens in beiden Städten in die gleiche Richtung weist, er aber in Hamburg deutlich ausgeprägter ist als in Leipzig.[5] Männer und Frauen unterscheiden sich übrigens in keiner Generation im Hinblick auf den Beziehungsstatus mit 30 Jahren, deshalb sind die Daten in der Abb. 2.1 für beide Geschlechter zusammengefasst.

30-Jährige sind heute häufiger single, also ohne Beziehung, als vor 15 oder 30 Jahren (Abb. 2.1, oberste Zeile der Matrix). Sind das Anzeichen für eine Vereinsamung in Großstädten oder einer Versingelung der Gesellschaft? Vermutlich nicht. Der höhere Anteil der Singles erklärt sich aus der zunehmenden Mobilität von Beziehungen, die wir gleich beschreiben. Durch den häufigeren Partnerwechsel in der jüngeren Generation erhöht sich die Zahl derer, *die gerade mal wieder alleine* sind. Der Anteil der Singles in einer sozialen Gruppe ist heute ein indirektes Maß für die Fluktuation von Beziehungen.[6]

---

4   Bei jüngeren Erwachsenen der hohen Ausbildungsschichten ist diese Tendenz zu nichtkonventionellen Beziehungsformen, insbesondere zum „living apart together", noch stärker ausgeprägt. Von den Studentinnen und Studentinnen, die wir 1996 befragten, leben in der Altergruppe 20-29 Jahre (N=2475) 34% ohne feste Beziehung, 42% haben eine feste Beziehung, ohne zusammen zu wohnen, 20% wohnen mit ihrem festen Partner zusammen und nur 4% sind verheiratet (Schmidt 2000).
5   Wir weisen noch einmal darauf hin, dass wir diese Unterschiede aufgrund von Stichprobenverzerrungen durch den Verweigererfehler leicht überschätzen (vgl. S. 16ff).
6   Das gilt für das frühe und mittlere Erwachsenenalter. Bei Frauen des höheren Erwachsenenalters führen hingegen die geringen Chancen auf und die geringe Bereitschaft für eine neuen Beziehung zu einer hohen Quote der Singles. Wir kommen darauf zurück (S. 46ff.).

Abb. 2.1: Beziehungsformen in verschiedenen Altersstufen nach Generation und Stadt (in %)

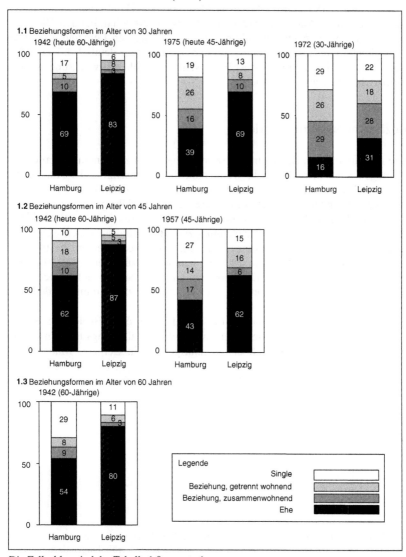

Die Fallzahlen sind der Tabelle 1.8 zu entnehmen.
Signifikanz der Generationsunterschiede für die ersten beiden Zeilen und die Diagonale sowie für beide Städte: p<.000.
Signifikanz der Stadtunterschiede für alle 6 Teilabbildungen mindestens p<.03.

Mit den Beziehungsmustern hat sich auch das Reproduktionsverhalten einschneidend verändert (vgl. dazu S. 92ff.). Junge Erwachsene sind immer seltener Eltern. Nur noch 15% der 1972 geborenen Hamburger Männer und Frauen haben im Alter von 30 Jahren mindestens ein Kind, bei den 1942 Geborenen waren es noch 59% (Abb. 3.6, S. 93). Bei den Leipzigern ergeben sich gleiche Generationentrends, allerdings auf einem deutlich höheren Niveau: In allen drei Jahrgängen ist Elternschaft im frühen Erwachsenenalter in Leipzig häufiger als in Hamburg.

Beziehungen werden serieller

Die Fluktuation von Beziehungen ist von Generation zu Generation erheblich gestiegen. Dies wird deutlich, wenn man die durchschnittliche Anzahl der Beziehungen für die drei Generationen vergleicht (Abbildung 2.2) und zu dem verblüffenden Ergebnis kommt, dass heute 30-Jährige schon mehr Beziehungen hatten als 60-Jährige in ihrem viel längeren Leben.[7] Noch klarer werden die Unterschiede in der Neigung zum Beziehungswechsel, wenn man untersucht, wie viele Beziehungen die Befragten bis zu einem bestimmten Alter, das sie schon alle erreicht haben, hatten: Bis zum Alter von 30 Jahren hatten beispielsweise die 1942 Geborenen nur etwa halb so viele feste Beziehungen wie die 1972 Geborenen. Der Jahrgang 1957 nimmt wieder eine mittlere Position ein.

Für Hamburg und Leipzig ist der Trend zu seriellen Beziehungen gleichermaßen zu beobachten; Beziehungswechsel sind allerdings in Hamburg in allen drei Generationen noch etwas häufiger als in Leipzig. Männer und Frauen unterscheiden sich wieder nur sehr geringfügig (weshalb die Daten für beide Geschlechter in Abbildung 2.2 zusammengefasst sind).

---

7   Kommen diese Ergebnisse dadurch zustande, dass die Jüngeren weniger streng definieren, was eine feste Beziehung ist, und auch sehr kurze Verbindungen dazu rechnen, die die Älteren längst vergessen haben? Nein, denn wir finden den beschriebenen Trend in gleicher Prägnanz, wenn wir nur solche festen Beziehungen berücksichtigen, die mindestens ein Jahr dauerten: Die 60-Jährigen hatten im Durchschnitt 2,6, die 45-Jährigen 3,2 und die 30-Jährigen 2,9 solcher Partnerschaften (Hamburg und Leipzig zusammen).

Abb. 2.2: Durchschnittliche Anzahl der festen Beziehungen bis zum Alter von 20, 30, 45 und 60 Jahren, nach Generation und Stadt (M)[1]

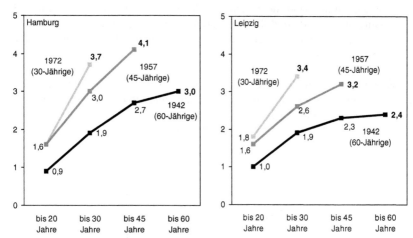

Die Fallzahlen sind der Tabelle 1.8 zu entnehmen.
Signifikanz der Generationsunterschiede für alle Altersstufen und zum Zeitpunkt der Befragung (fett gedruckte Zahlen) sowie für beide Städte: p<.000.
Signifikanzen der Stadtunterschiede, Beziehungen bis zum Zeitpunkt der Befragung (fett gedruckte Zahlen): p<.003 (1942), p< .000 (1957), ns (1972).

1 Einschließlich der zum Befragungszeitpunkt aktuellen Beziehung. Die fett gedruckten Werte bezeichnen die durchschnittliche Anzahl der Beziehungen bis zum Zeitpunkt der Befragung.

Wenn Beziehungen serieller werden, dann müssen sie auch kürzer werden. Die Tendenz zu kürzeren Beziehungen im frühen Erwachsenenalter zeigt sich an folgenden Beobachtungen:

- Der Anteil der Befragten, die im Alter von 30 Jahren in einer länger dauernden Beziehung (5 Jahre und länger) lebten, nimmt von den 1942 zu den 1972 Geborenen stark ab (Abbildung 2.3).
- Die Dauer der *längsten* Beziehung, die die Befragten bis zum Alter von 30 Jahren hatten, liegt bei den 1972 Geboren durchschschnittlich um 2 Jahre niedriger als bei den 1942 Geborenen (Abbildung 2.4)
- Leben von den 60-Jährigen heute noch rund ein Viertel in ihrer ersten Beziehung, so sind es trotz der kürzeren Lebensspanne bei den 45-Jährigen nur noch ein Zehntel und bei den 30-Jährigen sogar nur noch 5%.
- In einer Beziehung, die im Alter von 25 Jahren oder früher begann und die heute noch besteht, leben 35% der 30-Jährigen, 34% der 45-Jährigen und 36% der 60-Jährigen. Bei den Älteren besteht diese Beziehung nun seit 35 oder mehr Jahren. Wenn die 30- bzw. 45-Jährigen dieser Gruppe

mit 60 ebenso häufig wie die 1942 Geborenen in einer so langen Beziehung leben sollten, dann dürfte sich von ihnen in den nächsten 15 bzw. 30 Jahren niemand mehr trennen. Dies ist mehr als unwahrscheinlich. 35 Jahre andauernde und längere Beziehungen im Alter von 60 Jahren werden die 1957 und erst recht die 1972 Geborenen sehr viel seltener haben als die 1942 Geborenen.

Abb. 2.3: Anteil der Befragten, die im Alter von 30 Jahren in einer 5 Jahre oder länger dauernden festen Beziehung lebten, nach Generation und Stadt (in %)

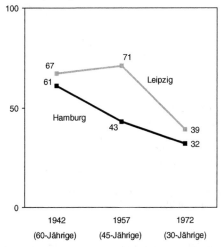

Die Fallzahlen sind der Tabelle 1.8 zu entnehmen.
Signifikanz der Generationsunterschiede für beide Städte: p<.000.
Signifikanz der Stadtunterschiede: ns (1942), p<.000 (1957), ns (1972).

Der häufigere Beziehungswechsel der jüngeren Generation führt zwangsläufig zu häufigeren Trennungserfahrungen. Hatten von den 1942 Geborenen nur etwa jeder oder jede Zehnte drei und mehr Trennungen bis zum Alter von 30 Jahren erlebt, so sind es bei den heute 30-Jährigen jeder oder jede Zweite (Abbildung 2.5). Die Häufigkeit von Trennungen macht diese nicht einfacher oder weniger belastend. Plakativ lassen sich zwei Gefühlslagen bei Trennungen unterscheiden: Bei der ersten steht die *Belastung* im Vordergrund (Einsamkeit, Kränkung, Verzweiflung und Wut), bei der zweiten die *Entlastung* (Erleichterung, sich gelöst zu haben und wieder „frei" zu sein). Das Vorkommen dieser Gefühlslagen hängt nicht davon ab, ob es sich um die erste, zweite, dritte oder vierte Trennung handelt, sondern in erster Linie davon, ob man die Trennung selbst initiierte oder aber „getrennt wurde".

Abb. 2.4: Durchschnittliche Dauer der längsten Beziehung bis zum Alter von 30 Jahren, nach Generation und Stadt (M, in Jahren)[1]

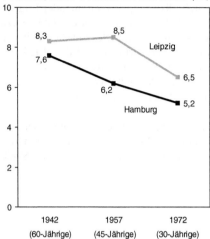

Die Fallzahlen sind der Tabelle 1.8 zu entnehmen.
Signifikanzen (Anova): $p<.000$ (Generation), $p<.000$ (Stadt), $p<.03$ (Interaktion).
1 Einschließlich der aktuellen Beziehung im Alter von 30 Jahren.

Abb. 2.5: Anteil der Befragten, die im Alter von 30 Jahren drei oder mehr Trennungen aus festen Beziehungen erlebt haben, nach Generation und Stadt (in %)

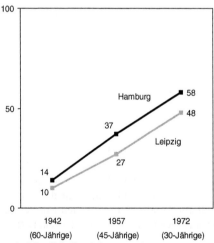

Die Fallzahlen sind der Tabellen 1.8 zu entnehmen.
Signifikanz der Generationsunterschiede: $p<.000$ (für beide Städte).
Signifikanz der Stadtunterschiede: ns (für alle drei Generationen).

Wenn Partnerschaften serieller werden, dann werden auch Singleperioden in der Beziehungsbiographie häufiger und, summiert man ihre Dauer, länger, da Beziehungen in der Regel nicht übergangslos aufeinander folgen (Abb. 2.6)[8]. So haben beispielsweise die 30-Jährigen nach ihrer ersten Beziehung etwa doppelt soviel Zeit wieder als Single verbracht wie die 60-Jährigen bis zum Alter von 30 Jahren. Multiple Singleperioden und der Wiederholungssingle sind Nebenprodukte serieller Beziehungen. Das führt dazu, wie gesagt, dass man bei den seriellen Gruppen in Querschnittserhebungen mehr Singles antrifft als bei den weniger beziehungsmobilen Gruppen.

Abb. 2.6: „Wiederholungssingles": Anzahl der Singleperioden (M) und Dauer der Singleperioden (M, in Jahren) nach der ersten Beziehung bis zum Alter von 30 Jahren, nach Generation und Stadt

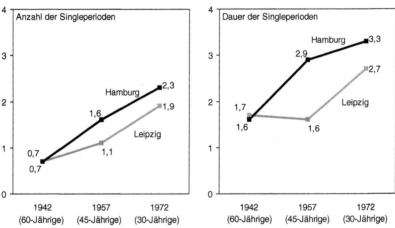

Die Fallzahlen sind der Tabellen 1.8 zu entnehmen.
Signifikanz der Generationsunterschiede für Anzahl und Dauer sowie beide Städte: p<.001.
Signifikanz der Stadtunterschiede für Anzahl und Dauer sowie 1957 und 1972: p<.001, für 1942 jeweils ns.

Die Beziehungsneigung ist unverändert hoch

Die bisher präsentierten Daten zeigen, dass der Umbruch im Beziehungsverhalten junger, großstädtischer Männer und Frauen in den letzten 30 Jahren massiv gewesen ist. In ländlichen und kleinstädtischen Milieus dürfte es ähnliche Trends geben, wenn auch weniger ausgeprägt (Peuckert 2004). Aller-

---

8   30% aller 1956 Trennungen, über die unsere Befragten berichten, führten übergangslos in eine neue Beziehung, 70% in eine kürzere oder längere Singleperiode.

dings betrifft der Wandel nur die *Organisationsformen sowie die Fluktuation und die Dauer* von Beziehungen, nicht die *Beziehungsneigung oder Beziehungsbereitschaft*. Diese sind ziemlich ungebrochen, von einer Vereinzelung der Gesellschaft kann nicht gesprochen werden (wie es manche tun, deren Blick allzu sehr auf die Zunahme der Einpersonenhaushalte gerichtet ist). Für etwa 95% der 30-, 45- und 60-Jährigen – Singles wie Liierte – ist die feste Zweierbeziehung gleichermaßen die gewünschte und ideale Art und Weise, das Leben einzurichten (Tab. 2.1). Deutliche Mehrheiten aller Generationen wünschen sich dabei eine monogame Beziehung, Frauen noch häufiger als Männer.

Tab. 2.1: Beziehungsideale, nach Generation und Geschlecht (in %)

	1942 (60-Jährige)		1957 (45-Jährige)		1972 (30-Jährige)	
	Männer	Frauen	Männer	Frauen	Männer	Frauen
Monogame feste Beziehung	69	86	56	87	62	76
Nicht-monogame feste Beziehung	22	6	40	9	36	21
Parallelbeziehungen	6	0	3	2	1	2
Leben ohne feste Beziehung	3	8	3	2	2	1

Die Fallzahlen sind der Tabelle 1.8 zu entnehmen.
Signifikanz des Generationsunterschieds: $p<.05$ (Männer), $p<.000$ (Frauen).
Signifikanz des Geschlechtsunterschieds: $p<.000$ (1942), $p<.000$ (1957), $p<.04$ (1972).

Die hohe Beziehungsbereitschaft der jüngeren Generation schlägt sich auch in den folgenden Befunden nieder:

– Feste Partnerschaften beginnen heute früher als vor 30 Jahren, und zwar, je nach Gruppe, um durchschnittlich ein bis zweieinhalb Jahre (Abb. 2.7).
– Bis zum Alter von 30 Jahren haben die drei Generationen beinahe unterschiedslos durchschnittlich 9-10 Jahre lang in festen Beziehungen gelebt (Abb. 2.8).[9] Das frühe Erwachsenenalter ist also nach wie vor durch feste Partnerschaften bestimmt, wenn auch heute mit mehr Partnern in Folge.
– 62% der 30-jährigen Singles sind hoch motiviert für eine neue Partnerschaft, sie möchten „gegenwärtig gerne eine feste Beziehung haben"; 15% sind unentschlossen, 22% möchten erst einmal abwarten.
– Die 570 Singlephasen (nach der ersten Beziehung), über die die 30-Jährigen berichten, sind oft nur kurz. In 62% dieser Fälle gelang es, einen neuen festen Partner oder eine neue feste Partnerin in weniger als eineinhalb Jahren zu finden.

---

9 Da die jüngere Generationen heute früher mit festen Beziehungen beginnt, könnte man bei ihnen längere Beziehungszeiten bis zum Alter von 30 Jahren erwarten. Dass dies nicht der Fall ist, liegt an den längeren Singleperioden (nach der ersten Beziehung) dieser Gruppe, über die wir oben berichtet haben (vgl. Abb. 2.6)

Abb. 2.7: Alter bei der ersten festen Beziehung, nach Generation, Geschlecht und Stadt (M, in Jahren)

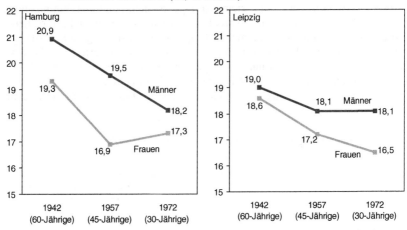

Die Fallzahlen sind der Tabellen 1.8 zu entnehmen.
Signifikanzen (Anova): p<.000 (Generation), p<.000 (Geschlecht), p<.005 (Stadt), ns (alle Interaktionen).

Abb. 2.8: Beziehungsjahre bis zum Alter von 30 Jahren, nach Generation und Stadt (M)

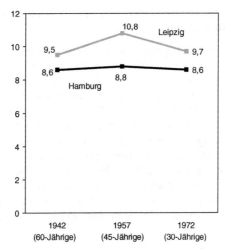

Die Fallzahlen sind der Tabellen 1.8 zu entnehmen.
Signifikanzen (Anova): p<.03 (Generation), p<.001 (Stadt), ns (Interaktion).

Zwei Ideale konkurrieren: Dauer und Beziehungsqualität

Die hohe Beziehungsfluktuation der Jüngeren bedeutet nicht, dass sie keine dauerhaften Beziehungen wollen. 83% der 30-Jährigen wünschen sich, „ein Leben lang" mit dem jetzigen Partner bzw. der jetzigen Partnerin zusammenzubleiben (bei den 45-Jährigen sind es 87%, bei den 60-Jährigen 93%); etwa ebenso viele sind überzeugt, dass die gegenwärtige Beziehung auch in fünf Jahren noch besteht, 80% möchten Kinder mit dem gegenwärtigen Partner/der gegenwärtigen Partnerin und 65% wollen ihn oder sie einmal heiraten (Tab. 2.2). „Beständigkeit" ist also nach wie vor eine wichtige Wertvorstellung. Doch aller Voraussicht nach werden sich etliche von denen, die jetzt eine dauerhafte Perspektive sehen und wollen, früher oder später trennen, und man könnte meinen, sie scheitern an ihren Beziehungen. Doch es ist komplexer: Neben die Wertvorstellung „Dauer" tritt ein zweiter, konkurrierender Wert, den man „Beziehungsqualität" oder „Beziehungsintensität" nennen kann (vgl. Giddens 1993, Schmidt 2000). Es geht nicht um Dauer an sich, sondern um Dauer bei hoher emotionaler, intimer und (seltener) sexueller Qualität. Es klingt paradox, aber es ist so: Die Instabilität heutiger Beziehungen resultiert nicht aus Bindungsunfähigkeit oder -unlust; sie ist vielmehr die Konsequenz des hohen Stellenwertes, der Beziehungen für das persönliche Glück beigemessen wird und der hohen Ansprüche an ihre Qualität. Dadurch wird die Trennungsschwelle niedriger und das führt zu seriellen Beziehungs- und multiplen Trennungserfahrungen und dazu, dass heute massenhaft Beziehungen getrennt werden, die früher wohl als ganz „gesund" und keinesfalls als zerrüttet gegolten hätten.

Serielle Beziehungen als Erprobungs- und Lernprozess

Wie erleben heutige junge Erwachsene die hohe Fluktuation ihres Beziehungslebens? Am Ende des Interviews baten wir die Befragten, eine Bilanz ihrer Beziehungsgeschichte zu ziehen und protokollierten die Antworten auf diese offene Frage.[10] Nur wenige 30-Jährige bedauern die Vielzahl ihrer festen Beziehungen oder sehen ihre Beziehungsmobilität resignativ als eine Form (bisherigen) Scheiterns an und machen Aussagen wie diese:

(1) „Ich hätte mir ein paar Sachen schenken können, vor allem sexuelle Kontakte in meiner Singlezeit. Auch zwei Beziehungen hätte ich lassen können. Was mir auffällt ist, dass ich immer kurze Beziehungen hatte und meistens Schluss gemacht habe. Die Trennungen habe ich nie angezweifelt, aber die eine oder andere Beziehung hätte ich

---

10 Die Frage lautete: „Wir haben jetzt lange über Ihre Beziehungsgeschichte gesprochen. Wenn Sie noch einmal zurückdenken und versuchen, eine Bilanz zu ziehen: Was war gut, was war weniger gut, was würden Sie heute anders machen?"

gar nicht gebraucht." (Hamburgerin, 30 Jahre, bisher 9 feste Beziehungen, seit 3 Jahren in fester Beziehung)

(2) „Die Zeit mit den vielen Männern, das denke ich im Nachhinein, hat mir nicht sehr gut getan, dass ich mich da sehr einsam gefühlt habe. Einige Beziehungen hätte ich auch streichen können." (Hamburgerin, 30 Jahre, bisher 5 feste Beziehungen, seit 3 Jahren in fester Beziehung)

Tab. 2.2: Perspektiven der gegenwärtigen Beziehung, nach Generation und Geschlecht (in %)

	1942 (60-Jährige)		1957 (45-Jährige)		1972 (30-Jährige)		Sign. $(p)^1$
	Männer	Frauen	Männer	Frauen	Männer	Frauen	
„Was vermuten Sie, sind Sie in 5 Jahren noch zusammen?"							
nein	0	3	2	3	2	4	
ist offen	6	4	12	10	20	14	.005
ja	94	93	86	87	78	82	
„Wünschen Sie, ein Leben lang zusammen zu bleiben?"							
nein	1	4	2	6	2	4	
unsicher	5	4	15	4	19	10	.01
ja	94	92	83	90	79	86	
„Wünschen Sie sich, einmal Kinder mit Ihrem/er Partner/in zu haben?"							
nein			23	35	13	9	
unsicher	entf.	entf.	5	0	13	7	.01
ja (oder hat Kind)			73	65	75	84	
„Wünschen Sie sich, Ihren Partner/in einmal zu heiraten?"							
nein	9	11	20	16	24	17	
unsicher	2	1	3	5	14	15	.000
ja (oder ist verh.)	89	88	78	79	62	67	

Die Fallzahlen sind der Tabelle 1.8 zu entnehmen.
Für die Signifikanzberechnungen wurden bei allen vier Items die ersten beiden Kategorien zusammengefasst.
Signifikanz der Geschlechtsunterschiede für alle vier Items und alle Altersgruppen ns.

1 Signifikanz der Generationsunterschiede, Männer und Frauen werden zusammengefasst.

Gelegentlich werden auch mangelnde Beziehungserfahrungen moniert, und zwar sowohl von Befragten, die bisher wenig Erfahrungen haben, als auch von solchen, die gegenwärtig in einer schon recht langen Beziehung leben:

(3) „Es wäre schöner gewesen, wenn ich häufiger verliebt gewesen und geliebt worden wäre, aber es passierte halt nicht." (Leipziger, 30 Jahre, bisher keine feste Beziehung)

(4) „Also ich hätte vielleicht gerne mehr Erfahrungen gesammelt, es hätte bei mir früher losgehen können. Die Tendenz, was Stabiles zu finden, was auch eine Weile hält, das finde ich gut. Dadurch war auch wenig Platz für verschiedene Partner. Das betrifft sowohl die sexuelle und partnerschaftliche Seite." (Hamburger, 30 Jahre, bisher 3 feste Beziehungen, seit 6 Jahren in fester Beziehung)

(5) „Also, ich hätte mir mehr feste Beziehungen gewünscht, als Erfahrung." (Leipzigerin, 30 Jahre, bisher 3 feste Beziehungen, seit 11 Jahren in fester Beziehung).

Dies alles sind die Voten von Minderheiten. Von großer Dominanz hingegen ist eine Argumentationsfigur die man idealtypisch so formulieren könnte: „Die vielen Beziehungen waren, auch wenn die Trennungen oft schmerzten, wichtig, weil ich Beziehungserfahrungen gesammelt und meine Beziehungsfähigkeit gestärkt habe". Diese Figur taucht in vielfältigen Versionen auf:

(6) „Um festzustellen, was ich gut finde, muss ich erst mal was erleben. Es ist viel einfacher, eine feste Beziehung sauber aufzubauen, wenn man vorher andere Erfahrungen hat." (Hamburger, 30 Jahre, bisher 4 feste Beziehungen, seit 5 Jahren in fester Beziehung)

(7) „Die Erfahrungswerte, die ich gesammelt habe, waren für mich wichtig, auch für die Beziehung, die ich jetzt führe." (Hamburgerin, 30 Jahre, bisher 5 feste Beziehungen, seit 8 Jahren in fester Beziehung)

(8) „Gut war, dass ich sehr unterschiedliche Beziehungen hatte, dadurch konnte ich Erfahrungen machen. Grundsätzlich lebe ich gerne in einer Beziehung, ich weiß jetzt besser, was ich möchte." (Hamburger, 30 Jahre, bisher 9 feste Beziehungen, Single)

(9) „Gut war das gemeinsame Erleben und Lernen, das Zusammenleben in einer Beziehung." (Leipziger, 30 Jahre, bisher 3 feste Beziehungen, Single)

(10) „Gut war, dass meine Beziehungen mich immer irgendwo an meine Grenzen gebracht haben. Ich war immer gezwungen, meine Beziehungsstrukturen und sexuellen Muster zu überdenken. Ja, jede Beziehung und sexuelle Erfahrung hat mich weiter gebracht. Ich würde heute nicht mehr so schnell mit jemandem zusammen ziehen, und ich würde nicht immer alles von der Beziehung erwarten." (Hamburger, 30 Jahre, bisher 3 feste Beziehungen, seit 1 Jahr in fester Beziehung)

(11) „Dass ich viele Erfahrungen mit verschiedenen Typen von Männern machen konnte, war gut, auch um zu wissen, welchen Typ ich lieber mag. Ich möchte keine der Erfahrungen missen, auch wenn ich enttäuscht wurde." (Hamburgerin, 30 Jahre, bisher 5 feste Beziehungen, seit 3 Jahren in fester Beziehung)

(12) „Gut war, dass ich in den verschiedenen Phasen Menschen an meiner Seite hatte, mit denen ich Erfahrung sammeln konnte. Im Nachhinein betrachtet waren die Beziehungen nicht ideal, sie haben mich aber weiter gebracht, dahin, wo ich jetzt bin." (Hamburgerin, 30 Jahre, bisher 5 feste Beziehungen, Single)

(13) „Die ersten Beziehungen waren schlechter. Nach und nach, aus den Erfahrungen heraus, wurden Sie immer besser und harmonischer." (Hamburgerin, 30 Jahre, bisher 4 Beziehungen, seit 3 Jahren in fester Beziehung)

(14) „Ich habe die Einstellung, dass ich viel gelernt habe in meinen Beziehungen, über mich selbst, über Menschen und Verhaltensweisen, so dass nichts umsonst war." (Hamburgerin, 30 Jahre, bisher 4 feste Beziehungen, seit 1 Jahr in fester Beziehung)

(15) „Ich bereue nichts, auch schlechte Erfahrungen gehören dazu. Das Ende der ersten Beziehung war nicht so gut, es war verfahren, wir haben uns oft gestritten. Ich habe gelernt, heute mehr über meine Gefühle zu sprechen, meiner Freundin Bestätigung zu geben. Das habe ich früher fast gar nicht gemacht. Es ist für mich jetzt besser, auch für die Beziehung, auch für die Freundin. Es war gut, Erfahrungen gemacht zu haben und daraus lernen zu können." (Hamburger, 30 Jahre, bisher 4 Beziehungen, seit 2 Jahren in fester Beziehung)

Feste Beziehungen im dritten Lebensjahrzehnt sind heute seltener eine Festlegung mit langer Perspektive, sondern häufiger Teil eines Erprobungs- und Lernprozesses, „um dann den Richtigen zu finden" (30-jährige Hamburgerin) und um Beziehungsfähigkeit und Beziehungskompetenz zu erwerben bzw. zu verstärken. Beziehungen in Folge sind somit zu einem wichtigen Teil der sexuellen Sozialisation im frühen Erwachsenenalter geworden. Übrigens: Die meisten Männer und Frauen, die mit 30 Jahren in einer längerfristigen Beziehung leben, glauben, zunächst einmal, mit dem oder der Richtigen zusammenzuleben, zumindest sind sie mit ihrer Beziehungskonstanz durchweg sehr zufrieden. Aber auch die Beziehungsmobilen, deren Biographie durch eine „Kette" von Partnerschaften gekennzeichnet ist, ziehen in der Regel eine zufriedene Bilanz ihres bisherigen Beziehungslebens, vor allem dann, wenn sie gegenwärtig nicht single sind.

Mittleres Erwachsenenalter

Für den Generationenvergleich des mittleren Erwachsenenalters (31-45 Jahre) stehen uns nur zwei Geburtsjahrgänge zur Verfügung (1942 und 1957), da die 1972 Geborenen diesen Lebensabschnitt bei der Befragung noch nicht durchlaufen haben.

Trends des frühen Erwachsenenalters setzen sich fort

Einige zentrale Tendenzen des Wandels des Beziehungslebens, die wir für das junge Erwachsenenalter beobachtet haben, setzen sich im mittleren Erwachsenenalter fort:

- Der Anteil der Männer und Frauen, die im Alter von 45 Jahren verheiratet sind, hat deutlich abgenommen, und zwar sowohl in Hamburg als auch in Leipzig (Abb.2.1).
- Der Anteil derer, die im Alter von 45 Jahre single leben, ist bei den 1957 geborenen Männer und Frauen deutlich höher als bei den 1942 geborenen (Abb. 2.1).
- Die Anzahl der Beziehungsjahre zwischen 31 und 45 ist heute im Durchschnitt etwa eineinhalb Jahre kürzer als vor 15 Jahren (Tab. 2.3); entsprechend hat sich die als Single verbrachte Zeit in diesem Lebensabschnitt erhöht.
- Die Tendenz zu nichtkonventionellen Beziehungsformen hat in Leipzig deutlich, in Hamburg allerdings nur minimal zugenommen (Abb.2.1), wir kommen auf diese Diskrepanz zurück.
- Die Beziehungen der 1957 Geborenen sind auch in diesem Lebensabschnitt kürzer als die der 1942 Geborenen (Tab. 2.3).

Tab. 2.3: Beziehungsparameter im mittleren Erwachsenenalter, nach Generation und Stadt

	1942 (60-Jährige)		1957 (45-Jährige)		Sign. (p)	
	Hamb.	Leip.	Hamb.	Leip.	Gener.	Stadt
Beziehungsjahre						
bis zum Alter von 45 Jahren (M)	22.1	23.9	20.6	23.6	ns[1]	.000
im Alter von 31-45 Jahren (M)	13.5	14.4	11.8	12.8	.000	.008
Beziehungsfluktuation						
Anzahl der festen Beziehungen bis zum Alter von 45 Jahren (M)[2]	2.7	2.3	4.1	3.2	.00	.001
Anzahl fester Beziehungen im Alter von 31-45 Jahren (M)[2]	1.6	1.3	1.8	1.4	ns	.000
mind. eine neue feste Beziehung im Alter von 31-45 Jahren (%)	47	28	53	34	ns	.001
Beziehungsdauer (Jahre)						
Dauer der aktuellen festen Beziehung mit 45 Jahren (M)[3]	15.9	19.7	13.3	17.7	.008	.000
Dauer der längsten festen Beziehung bis zum Alter von 45 Jahren (M)	18.1	20.6	14.4	18.7	.000	.000

Die Fallzahlen sind der Tabelle 1.8 zu entnehmen.
1 Für Hamburg .06.
2 Einschließlich der aktuellen Beziehung.
3 Gegenwärtig fest liierte Befragte.

Konsolidierung und Aufbruch

Andere Tendenzen, die den Beziehungswandel im frühen Erwachsenenalter kennzeichnen, schwächen sich ab oder verschwinden ganz. Während die 1957 Geborenen mit 30 Jahren sehr viel seltener Kinder hatten als die 1942er, sind es mit 45 Jahren gleich viele in beiden Generationen, die mindestens ein Kind haben (vgl. Abb. 3.6, S. 93). Auch die Anzahl der Kinder, die die beiden Generationen im mittleren Erwachsenenalter haben, unterscheidet sich nur geringfügig. Offenbar ist die Neigung, Kinder zu bekommen, in der Generation der 45-Jährigen nicht geringer geworden, sie bekommen sie nur später. Auch die Tendenz zum Wechsel der Beziehung, die im jungen Erwachsenenalter bei den 1957 Geborenen deutlich höher war als bei den 1942 Geborenen, unterscheidet sich im Lebensabschnitt zwischen 31 bis 45 Jahren nur noch geringfügig und ist in Hamburg in *beiden* Generationen relativ hoch (Tab. 2.3): Etwa die Hälfte der Männer und Frauen beider Jahrgänge haben im mittleren Erwachsenenalter eine neue Beziehung begonnen. Interessanterweise leben die Hamburger der älteren Generation im mittleren Erwachsenenalter kaum seltener in nichtkonventionellen Beziehungen als die jüngere Generation.

Diese Veränderung kommt durch zwei Bewegungen zustande: Die 1942er leben nun häufiger, die 1957er seltener in nichtehelichen Beziehungen als im Alter von 30 Jahren. Man kann daraus schließen, dass es bei den 45-jährigen Hamburgern – in Relation zu ihrem eher unruhigen Beziehungsleben im frühen Erwachsenenalter – später, im mittleren Erwachsenenalter zu einer Konsolidierung des Beziehungslebens kommt; die 60-Jährigen hingegen werden im mittleren Erwachsenenalter (zumindest in Hamburg) offenbar vom gesellschaftlichen Wandel des Beziehungslebens erfasst und es kommt, in Relation zu ihrem eher ruhigen Beziehungsleben im frühen Erwachsenenalter, nun bei etlichen von ihnen zur einer Übernahme moderner Beziehungsmuster. Diesen Umbruch bei den 1942 Geborenen werden wir im Abschnitt „höheres Erwachsenalter" genauer besprechen.

Es ist eine spannende Frage für zukünftige Forschungen, ob und wie stark der Konsolidierungsprozess des Beziehungslebens im mittleren Erwachsenenalter, der sich bei den 1957 Geborenen abzeichnet, auch bei der Generation der 1972er zu beobachten sein wird.

Zwischen Kontinuität und Serialität

Bei den 45-Jährigen lassen sich zwei dominante Beziehungsstile ausmachen: Etwa die Hälfte (in Hamburg weniger als in Leipzig) lebten bei der Befragung in einer langjährigen, mindestens 10 Jahre dauernden Beziehung; etwa ein Viertel hat eine Biographie, die von seriellen Beziehungen, also „Beziehungsketten", gekennzeichnet ist, diese Befragten hatten mindestens drei relevante Beziehungen bis zur Befragung.[11] Wie beurteilen diese Männer und Frauen die Kontinuität bzw. Serialität ihrer Beziehungserfahrung?[12]

Aktuelle langjährige Beziehungen werden durchweg affirmativ beurteilt, die Befragten lassen wenig Zweifel aufkommen, dass die lange feste Beziehung eine geeignete Lebensform für sie ist. Die Zustimmung zu diesem Lebensstil wird mal ohne Zwiespalt vorgetragen (Beispiele 16 und 17), mal wird die grundsätzliche Bejahung durch partielle Beschwerden relativiert. Bedauert werden dabei vor allem eine zu frühe Bindung, gewünscht wird mehr erotische Abwechslung, auch neben der Beziehung. Frauen wünschen sich relativ oft, dass sie sich im Hinblick auf Karriere sowie Arbeitsteilung und Dominanz in der Beziehung früher von traditionellen Rollenzuschreibungen hätten lösen können (Beispiele 18-20). Nur sehr wenige Befragte, die in einer langjährigen Beziehung leben, wünschen sich ausdrücklich eine andere Lebensform (Beispiel 21).

(16) „Richtig Klasse ist, dass sich von Anfang an ein gegenseitiges Verstehen entwickelt hat und dadurch auch eine emotionale Sicherheit und Stabilität entstanden ist, auf der man aufbauen konnte. Auch diese liebevolle Zufriedenheit ist schön. Diese emotionale Sicherheit ermöglicht, dass man sich bei Auseinandersetzungen auf das Thema beschränken kann, und nicht gleich das Fundament angezweifelt wird. Und das Tollste ist, dass wir uns immer noch lieben." (Hamburger, 45 Jahre, seit 21 Jahren in fester Beziehung)

(17) „Sehr gut ist, dass ich noch heute mit meinem Mann über die Beziehung sprechen kann und dass wir uns nicht getrennt haben. Unsere Beziehung ist wesentlich besser geworden. Obwohl wir aus Liebe geheiratet haben, mussten wir uns in der Ehe erst mal die Hörner abstoßen – mein Mann in seiner Sturheit, und ich in meinem Temperament. Heute würde ich die ersten Ehejahre anders gestalten." (Leipzigerin, 45 Jahre, seit 25 Jahren in fester Beziehung)

(18) „Gut ist das gegenseitige Vertrauen und die Familie. Ich würde heute mit der Familie später beginnen, die Freiheit mehr genießen." (Hamburgerin, 45 Jahre, seit 19 Jahren in fester Beziehung)

(19) „Insgesamt ist alles recht befriedigend. Ich hätte gern häufiger Sex mit anderen Frauen gehabt, ich würde die Beziehung vielleicht etwas offener gestalten." (Hamburger, 45 Jahre, seit 17 Jahren in fester Beziehung)

(20) „Ich würde heute viel selbstbewusster in eine Beziehung reingehen, ich würde viele Dinge, die sich bei uns so eingebürgert haben, nicht mehr zulassen, die Verteilung im Haushalt, zum Beispiel. Das alles ist nicht schwerwiegend genug, um die Entscheidung für diese Ehe zu gefährden. Ich weiß, er würde uns nicht verlassen, er

---

11 An anderer Stelle haben wir von „Kontinuitätsbiographien" und „Kettenbiographien" gesprochen (vgl. Schmidt und Stritzky 2004)
12 Auswertung der freien Antworten auf die „Bilanzfrage", vgl. Fußnote 9.

ist der Mann, der mir gibt, was ich brauche." (Hamburgerin, 45 Jahre, seit 22 Jahren in fester Beziehung)

(21) „Gut war, dass ich meinen Sohn bekommen habe, weniger gut war alles, so wie es gelaufen ist. Ich würde nie wieder heiraten und auch nie wieder mit einem Partner zusammenziehen, lieber trifft man sich ab und zu." (Leipzigerin, 45 Jahre, seit 15 Jahren in fester Beziehung)

Auch in den Bilanzen der 45-Jährigen mit einer seriellen Biographie spielt das Thema „Kontinuität" eine auffällig große Rolle. Sie sprechen darüber, den „Richtigen" oder die „Richtige" noch nicht gefunden, verpasst oder verloren bzw. (bei gegenwärtig fest Liierten) nun hoffentlich endlich gefunden zu haben. Dauerhafte Beziehungen sind auch für diese Männer und Frauen ein wichtiges Lebensziel, und sie reflektieren, mal mit mehr, mal mit weniger Bedauern, dass dieses Ziel noch nicht erreicht ist (Beispiele 22-26). Eine Bejahung serieller Beziehungen als Lebensstil – auch für die Zukunft – ist dagegen eher die Ausnahme (Beispiele 27 und 28).

(22) „Es wäre wünschenswert gewesen, früher eine richtig lange feste Beziehung einzugehen, mit Kindern. Ansonsten hat es Spaß gemacht." (Hamburger, 45 Jahre, bisher 6 feste Beziehungen, seit 4 Jahren in fester Beziehung)

(23) „Ich hätte mir gewünscht, die Richtige zu finden, mit der ich ein Leben lang zusammenbleiben kann. Entweder kann ich das nicht oder ich habe nicht die richtigen Frauen getroffen. Ich weiß auch nicht ob die Jetzige die Richtige ist. Vielleicht hätte ich mehr für mich einstehen müssen. Insgesamt denke ich, war es für die Frauen förderlicher, mit mir zusammen zu sein, als für mich." (Hamburger, 45 Jahre, bisher 7 feste Beziehungen, Single)

(24) „Ich habe zu lange gesucht, um zu heiraten, habe oft ohne guten Grund Partnerschaften abgebrochen. Mein erster Freund wäre die perfekte Beziehung bis heute gewesen, wenn ich nicht eben den anderen kennen gelernt hätte." (Leipzigerin, 45 Jahre, bisher 7 feste Beziehungen, Single)

(25) „Ich hatte Wünsche nach einer Familie. Ich liebte meine damalige Partnerin und wollte mit ihr eine Familie gründen. Sie betrog mich und ich verließ sie. Darüber war ich lange enttäuscht, ging nur befristete Beziehungen ein, wo ich wusste, das hält sowieso nicht lange. Die jetzige Beziehung soll nicht nach diesem Rhythmus laufen. Ich meine es nun ernst und wünsche mir eine dauerhafte Beziehung." (Leipziger, 45 Jahre, bisher 7 feste Beziehungen, seit 1 Jahr in fester Beziehung)

(26) „Es gab einen heftigen Einschnitt bei der Trennung von meiner Frau. Ich frage mich, ob ich diese Beziehung nicht durch mehr Verständnis und Ausdauer hätte retten können. Die Abfolge der Beziehungen war schon bewegend für mich." (Leipziger, 45 Jahre, bisher 7 feste Beziehungen, seit 2 Jahren in fester Beziehung)

(27) „Jede feste Beziehung war zu dem Zeitpunkt, an dem sie statt gefunden hat, total richtig. Die Erfahrungen, die ich gemacht habe, die guten und die schmerzhaften, haben mich in meiner Persönlichkeitsentwicklung weitergebracht. Ich bin jetzt in einer langen Singlephase und habe da natürlich über vieles nachgedacht und das meiste aufgearbeitet. Ich bin jetzt an dem Punkt meines Lebens, wo ich mir zutraue, eine rei-

fe und harmonische Partnerschaft führen zu können." (Hamburgerin, 45 Jahre, bisher 5 feste Beziehungen, Single)

(28) „Es war gut, dass man eine Partnerschaft beendet hat, wenn man sich nicht mehr liebt und nicht aus Gewohnheit zusammenbleibt. Aber ich möchte nicht noch mal zwei Beziehungen gleichzeitig haben." (Leipzigerin, 45 Jahre, bisher 3 feste Beziehungen, seit 7 Jahren in fester Beziehung)

Alles in allem wird deutlich, dass die 45-Jährigen ihre seriellen Biographien nicht mehr so locker sehen wie die 30-Jährigen. Das liegt in der Logik des Konzepts, serielle Beziehungen nicht so sehr als Lebensform, sondern als Erprobungs- und Lernprozess für die „richtige" Partnerschaft anzusehen. Manchem 45-Jährigen mit seriellen Erfahrungen dauert die Suchphase offenbar schon zu lange. Dass es aber nicht um Dauer um jeden Preis geht, zeigt sich an denjenigen 45-jährigen Männern und Frauen (etwa 10% dieser Gruppe), die sich im mittleren Erwachsenenalter aus einer langen, mindestens 15 Jahre dauernden Beziehung getrennt hatten, also an denen, die aus einer Kontinuitätsbiographie ausgebrochen oder aus ihr „vertrieben" worden sind. In ihrer Bilanz thematisieren sie sehr viel häufiger den gewonnenen Neuanfang als die verlorene Kontinuität, wie die folgenden Beispiele (29 bis 31) zeigen:

(29) „Ich glaube, die frühe Bindung bzw. Festlegung auf eine Partnerin und Heirat ist nicht so gut, obwohl ich die damit einhergehende Tatsache der vier Kinder auf keinen Fall bedaure. Gut finde ich, dass ich die Kinder habe und dass ich nicht in einer Beziehung haften geblieben bin, wo nichts mehr zu retten war und einen neuen Lebensabschnitt begonnen habe." (Hamburger, 45 Jahre, Trennung im Alter von 40 Jahren aus einer 17 Jahre langen Beziehung mit 4 Kindern; seit 5 Jahren in fester Beziehung)

(30) „Die Tatsache der Scheidung war der wichtigste Schritt in meinem Leben, es war für alle Beteiligten gut so, mein Mann hat eine Bessere gefunden und ich wünsche mir eine wahre, echte Liebe, in der beide das Gleiche geben, und wünsche mir sexuelle Befriedigung und einen Orgasmus von zukünftigen Partnern." (Leipzigerin, 45 Jahre, Trennung im Alter von 36 Jahren aus einer 20 Jahre langen Beziehung mit 2 Kindern; seit 2 Jahren in fester Beziehung)

(31) „Würde heute konsequenter sein, hätte die Ehe nicht so lange hingezogen. Denn ohne Liebe und Vertrauen ist nichts möglich. Hätte früher gerne die Erfahrung gehabt, die ich jetzt habe. Sex ist immer wichtiger geworden in meinem Leben, macht mehr Spaß, je älter man wird. Liegt daran, dass man keine eingefahrene Partnerschaft hat. Singlephase war erfrischend, jetzt hätte ich gerne eine längere Partnerschaft." (Leipzigerin, 45 Jahre, trennte sich im Alter von 34 Jahren aus einer 18 Jahre langen Beziehung mit 2 Kindern; seit 2 Jahren in fester Beziehung)

Höheres Erwachsenenalter[13]

In den 1950ern sexualkonservativ erzogen, hatten die heute 60-Jährigen längst mit der Verwirklichung eines traditionellen Lebensentwurfs begonnen als die „sexuelle Revolution" über sie herein brach, d.h. sie waren in den frühen 1970ern schon verheiratet und wollten vermutlich eine lebenslangen Ehe (vgl. S. 23f.). Sie waren in ihren Vierzigern, als männliche Privilegien massiv in Frage gestellt wurden und als sie in ihrem näheren und ferneren sozialen Umfeld sahen, wie etablierte Beziehungen beendet wurden, und die Jüngeren ihr Beziehungsleben ganz anders einrichteten, als sie es getan hatten. Wie reagierten Sie auf diese Veränderungen? Viele hielten an ihrem traditionellen Lebensentwurf fest, und leben mit 60 in einer 30 Jahre oder längeren Ehe; andere nahmen die Verführungen, Chancen und auch Leiden der neuen Verhältnisse an, oder mussten sie annehmen, wenn sie verlassen wurden, ließen sich scheiden und gingen neue Beziehungen ein. In Hamburg sind diese beiden Gruppen etwa gleich groß, wie wir im folgenden zeigen werden, d.h. etwa jeder zweite Mann und jede zweite Frau brach aus dem traditionellen Lebensentwurf aus; in Leipzig hingegen überwiegen die kontinuierlichen Biographien deutlich.

Beziehungsbiographien: Kontinuität und Diskontinuität

Von den 1942 geborenen Hamburgern lebten mit 60 Jahren deutlich weniger in einer Ehe als mit 30 Jahren (Abb. 2.1, erste Spalte, S. 25), in Leipzig waren es in beiden Lebensphasen etwa gleich viele. Dies ist ein Hinweis darauf, dass in Hamburg auch etliche der Älteren von den gesellschaftlichen Veränderungen des Beziehungslebens erfasst wurden und dass dies in Leipzig deutlich seltener der Fall ist. Daten der Tabelle 2.4 bestätigen diesen Trend: Knapp die Hälfte der 60-jährigen Hamburger, aber nur ein Viertel der Leipziger hat eine Scheidung oder Trennung aus einer Ehe erfahren.

---

13 Hat sich das Beziehungsleben im höheren Erwachsenenalter verändert? Da wir zu diesem Lebensabschnitt nur eine Generation untersucht haben, ist die Frage nicht durch einen Generationenvergleich zu klären. Die Längsschnittbetrachtung der Beziehungsverläufe einerseits und die Divergenz zwischen „moderneren" (Hamburg) und „traditionelleren" (Leipzig) Regionen ermöglicht aber die Beschreibung von Tendenzen.

Tab. 2.4: Ehebezogene Parameter im Alter von 60 Jahren, nach Stadt (in %)

	1942 (60-Jährige)		
	Hamburg	Leipzig	Sign. (p)
jemals verheiratet	88	96	.04
mehr als 1 Mal verheiratet	20	21	ns
jemals geschieden	40	23	.004
jemals geschieden oder aus Ehe getrennt	45	26	.002
jemals verwitwet	9	11	ns
gegenwärtig verheiratet	54	80	.000

Die Fallzahlen sind der Tabelle 1.8 zu entnehmen.

Diese Modernisierung des Beziehungsverhaltens der älteren Generation lässt sich präziser beschreiben, wenn wir die gesamte Beziehungsbiographie der 60-jährigen Männer und Frauen betrachten. Wir haben schon darauf hingewiesen, dass wir aus den Angaben der Männer und Frauen über ihre Beziehungsgeschichte ihre Beziehungsbiographien rekonstruieren können. Eine Möglichkeit, diese Biographien zu ordnen, ist das statistische Verfahren des „optimal matching" (vgl. S. 54ff.). Eine andere Möglichkeit, die wir nun vorstellen wollen, besteht darin, die Biographien nach bestimmten Kriterien, die uns relevant erscheinen, zu typischen Verläufen oder Biographietypen zusammenzufassen. Berücksichtigt wurden dabei in erster Linie Abfolge und Dauer von Beziehungen und Singleperioden, ferner Beziehungsereignisse, die von uns als biographisch besonders bedeutsam eingestuft werden (Trennungen aus langen Beziehungen, Verwitwung).[14] Wir fanden 7 Typen, die sich in drei Gruppen (traditionelle, unkonventionelle und beziehungsferne Biographien) zusammenfassen lassen, und so definiert sind:

Traditionelle Biographien

(1) Kontinuitätsbiographien, früher Beginn: Die gegenwärtige Beziehung begann mit 30 Jahren oder früher, besteht also seit mindestens 30 Jahren.

(2) Kontinuitätsbiographien, später Beginn: Die gegenwärtige Beziehung begann zwischen 31 und 35 Jahren, besteht also seit mindestens 25 Jahren.

(3) Verwitwungsbiographien: Eine feste Beziehung begann mit 30 Jahren oder früher, dauerte mindestens 15 Jahre und endete mit dem Tod des Partners.

Unkonventionelle Biographien

(4) Umbruchsbiographien: Eine feste Beziehung begann mit 30 Jahren oder früher, dauerte mindestens 15 Jahre und endete mit einer Trennung.

(5) Kettenbiographien: Mindestens 3 feste Beziehungen, die Dauer aller festen Beziehungen übersteigt die Dauer der Singlephasen (und 1 bis 4 treffen nicht zu).

Beziehungsferne Biographien

---

14 Die Beziehungsformen (getrennt Zusammenleben, unverheiratet Zusammenleben, Ehe) werden – anders als bei unserer „optimal matching" Analyse – nicht berücksichtigt,

(6) Streubiographien: Mindestens 3 feste Beziehungen, die Dauer aller festen Beziehungen unterschreitet die Dauer der Singlephasen (und 7 trifft nicht zu).

(7) Beziehungsarme Biographien: Bisher keine Beziehung oder die Gesamtdauer aller Beziehungen beträgt 10 Jahre oder weniger.

Die Typen sind so präzise definiert, dass die Klassifikation der Befragten objektiv reproduzierbar ist. Abbildung 2.9 veranschaulicht die wichtigsten Typen an Hand von Beispielen.

Abb. 2.9: Beziehungsbiographien 60-Jähriger (1942), Beispiele

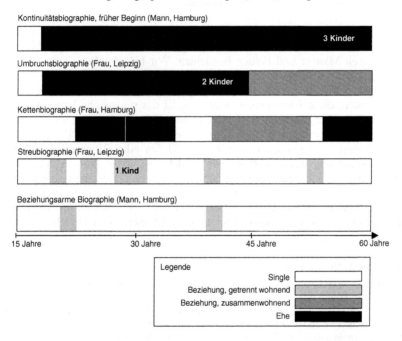

Streubiographien und beziehungsarme Biographien sind selten, sie machen zusammen nur etwa 5% der Befragten aus (Tab. 2.5). Bei den 60-jährigen Hamburgern sind Kontinuitätsbiographien nur noch geringfügig häufiger als unkonventionelle Biographien (44% vs. 41%). Die Leipziger folgen viel häufiger traditionellen Vorgaben (72%), nur 18% brechen aus ihnen aus und trennten sich aus einer langjährigen Beziehung oder hatten serielle Beziehungsmuster. Dieser bemerkenswerte Befund legt den Schluss nahe, dass der soziale Wandel der Beziehungsstile – zumindest in einigen Metropolen der alten Bundesrepublik – weite Teile der älteren Generation erreicht hat. Diese Veränderungen sind allerdings weniger ausgeprägt als in den jüngeren Generationen und sie setzen in einem höheren Lebensalter ein. Zudem liegen

Wandel und Beharren auch bei den nichtkonventionellen 60-Jährigen eng beieinander: Etwa die Hälfte derer mit einer Umbruchsbiographie (22 von 48) oder Kettenbiographie (19 von 36) leben seit 10 Jahren in einer festen Beziehung, sie haben, wenn man so will, eine „*zweite Kontinuitätsbiographie*" bzw. eine „*sehr späte Kontinuitätsbiographie*" begonnen.

Tab. 2.5: Beziehungsbiographien im Alter von 60 Jahren, nach Stadt (in %)

	1942 (60-Jährige)	
	Hamburg	Leipzig
Traditionelle Biographien		
Kontinuitätsbiographie, früher Beginn	37	64
Kontinuitätsbiographie, später Beginn	7	6
Verwitwungsbiographie	6	7
Nichtkonventionelle Biographien		
Umbruchsbiographie	24	8
Kettenbiographie	17	10
Beziehungsferne Biographien		
Streubiographie	3	3
Beziehungsarme Biographie	3	2
Nicht einzuordnen	3	1

Die Fallzahlen sind der Tabelle 1.8 zu entnehmen.
Signifikanz des Stadtunterschieds: $p<.000$.
Geschlechtsunterschiede sind gering, wenn man einmal davon absieht, dass Verwitwungsbiographien bei den Frauen häufiger sind (8% vs. 2%, beide Städte zusammen gefasst).
Erläuterungen zu den Biographietypen, vgl. S. 43f.

Vergleicht man basale Beziehungsparameter der „unkonventionelleren" Hamburger mit denen der „traditionelleren" Leipziger (Tab. 2.6), dann wird deutlich, dass die Modernisierung des Beziehungslebens für die Älteren durchaus mit Kosten verbunden ist: So gibt es bei den 60-jährigen Hamburgern, Männern wie Frauen, mehr Singles, mehr Langzeitsingles und mehr langjährig sexuell Abstinente als bei den Leipzigern. Korrespondierend hiermit haben Hamburger weniger Beziehungsjahre im höheren Erwachsenenalter und verbrachten entsprechen mehr Jahre allein als die Leipziger. Analog zu unseren Befunden über die früheren Lebensabschnitte zeichnen sich die „unkonventionelleren" Gruppen durch kürzere Beziehungen und eine höhere Beziehungsfluktuation aus.

Tab. 2.6: Beziehungsparameter im höheren Erwachsenenalter, nach Stadt

	1942 (60-Jährige)		
	Hamburg	Leipzig	Sign. (p)
Alleine leben			
Single mit 60 (%)	29	11	.000
Langzeitsingle mit 60 (%)[1]	15	8	.08
Langzeit sexuell abstinent mit 60 (%)[2]	18	10	.05
Beziehungsjahre			
bis zum Alter von 60 Jahren (M)	34.3	38.0	.04
im Alter von 46-60 Jahren (M)	12.2	14.1	.001
Beziehungsfluktuation			
Anzahl fester Beziehungen bis zum Alter von 60 Jahren (M)	3.0	2.4	.003
Anzahl fester Beziehungen im Alter von 46-60 Jahren (M)[3]	1.2	1.1	01
mindestens eine neue Beziehung im Alter von 46-60 Jahren (%)	26	11	.004
Beziehungsdauer (Jahre)			
Dauer der aktuellen Beziehung mit 60 Jahren (M)[4]	26.9	32.4	.001
längste feste Beziehung bis zum Alter von 60 Jahren(M)	26.8	32.9	.001

Die Fallzahlen sind der Tabelle 1.8 zu entnehmen.
1 Seit über 5 Jahren Single.
2 Seit über 5 Jahren sexuell abstinent (Partnersexualität).
3 Einschließlich der aktuellen Beziehung.
4 Nur Befragte, die gegenwärtig in einer festen Beziehung leben.

„Gendering" des Alleinseins

Während der Anteil der Singles und die als Single verbrachten Jahre im frühen und mittleren Erwachsenenalter bei Männern und Frauen etwa gleich hoch sind, zeigen sich im höheren Erwachsenenalter in allen Parametern, die das Alleinsein beschreiben, signifikante Geschlechtsunterschiede (Tab. 2.7), und zwar sowohl in Hamburg als auch in Leipzig. Frauen sind im Alter von 60 Jahren häufiger Singles und Langzeitsingles als Männer, sie leben häufiger seit längerer Zeit sexuell abstinent und sie haben im Alter zwischen 46 bis 60 Jahren weniger Zeit in Beziehungen und längere Zeit alleine gelebt. Ob dies ein genereller Alterstrend oder eine Generationstrend (der sich in den jüngeren Generationen einmal abschwächen wird) ist, können wir aufgrund unserer Daten nicht entscheiden. Das „Gendering" des Alleinseins im höheren Lebensalter hat zumindest drei Ursachen: Zum einen sind die Frauen häufiger verwitwet, da sie eher ältere Partner haben und die Lebenserwartung von Männern geringer ist; zum zweiten haben es Männer offenbar leichter, nach Verwitwung oder Trennung eine neue Partnerin zu finden, da Männer höherer Altergruppen auf dem Partnermarkt knapp sind und sie zudem häufiger als Frauen auch jüngere Partnerinnen wählen oder wählen können; und drittens können Frauen dieser Altersgruppe offenbar besser ohne Beziehung zurechtkommen als Männer und wählen das Singlesein häufiger als akzeptable Alternative zu Beziehung oder Ehe.

Tab. 2.7: „Gendering" des Singlelebens im höheren Erwachsenenalter

	1942 (60-Jährige)		
	Männer	Frauen	Sign. (p)
Alleine leben			
Single mit 60 (%)	14	29	.006
Langzeitsingle mit 60 (%)[1]	7	16	.01
Langzeit sexuell abstinent mit 60 (%)[2]	8	21	.004
Beziehungsjahre			
im Alter von 46-60 Jahren (M)	13.8	12.2	.01

Die Fallzahlen sind der Tabelle 1.8 zu entnehmen.
1   Seit über 5 Jahren Single.
2   Seit über 5 Jahren sexuell abstinent (Partnersexualität).

Letzteres wird deutlich, wenn man die 60-jährigen Frauen fragt, was sie am Singleleben gut finden und was ihnen fehlt. Zwar sagen fast alle, dass sie etwas vermissen, vor allem miteinander Reden und Zeit verbringen, Vertrautheit, Geborgenheit, Zärtlichkeit und gelegentlich Sex werden entbehrt. Doch in den Aussagen zu den guten Seiten des Singlelebens schlagen einem Freiheitsdrang und Unabhängigkeitsstreben einigermaßen ungebrochen entgegen (Tabelle 2.8), sehr viel ausdrücklicher und auch vehementer als bei den gleich alten Männern. Auffällig oft thematisieren die Frauen (vor allem die Hamburgerinnen, die in der Regel eine traditionellere Geschlechtsrollengeschichte als die Leipzigerinnen hatten), dass sie durch das Alleinleben den alten Geschlechterverhältnissen entkommen können (letzte 5 Antwortbeispiele der Tabelle 2.8). Die Männer ihrer Generation sind dem Verlangen der 60-jährigen Frauen nach „gender equalisation" offenbar oft nicht gewachsen. Dies allerdings beklagen auch viele Frauen in festen Beziehungen (vgl. S. 51).

Tab. 2.8: Antworten 60-jähriger Single-Frauen auf die offene Frage „Was finden Sie gut daran, nicht fest gebunden zu sein?"

„Freiheit. Man kann tun und lassen, was man will." (Leipzigerin, seit wenigen Monaten single)
„Kann machen, was ich will. Es redet keiner rein. Schlimm, dieses Gemeckere und diese Vorschriften." (Leipzigerin, seit 7 Jahren single)
„Dass ich niemanden etwas sagen muss, tun kann, was ich will, alleine bestimmen kann. Dass ich mir etwas kaufen kann, ohne das besprechen zu müssen, dass ich morgen nach Mallorca fliegen kann, wenn ich will." (Hamburgerin, seit 10 Jahren single)
„Dass ich mich nicht mit Männern herum ärgern muss, die Erdrückung, die Nähe ist mir einfach ein bisschen viel." (Hamburgerin, seit 3 Jahren single)
„Kann die Tage besser einrichten, brauche keine Rücksicht zu nehmen. Ich lebe vier Jahre alleine, es ist unvorstellbar, dass ich mich noch einmal binde." (Hamburgerin, seit 4 Jahren single)
„Die sollen alle ihre Strümpfe alleine waschen! Frei und unabhängig sein, ich kann schlafen, essen und machen, was ich will. Ich kann heute meine Koffer packen und wegfahren." (Hamburgerin, seit 10 Jahren single)
„Man kann seinen Tagesablauf frei einteilen, das Essen muss nicht mehr pünktlich auf dem Tisch stehen. Ich kann bis ich weiß nicht wann schlafen, ich bin frei für Verabredungen, ich kann alles machen. Es ist alles sehr frei, die Kinder sind erwachsen." (Hamburgerin, seit 1 Jahr single)
„Ich werde nicht ausgenutzt, ich muss nicht das Kindermädchen für andere spielen. Ich habe immer mehr verdient und sollte trotzdem den überwiegenden Teil der Arbeit machen. Nee, das nicht mehr." (Hamburgerin, seit 17 Jahren single)
„Dass ich meinen Hobbies nachgehen kann. Während meiner Ehe bin ich doch sehr auf meinen Partner eingegangen, vorher hatte ich keine Zeit dafür. Mein Mann war selbständig und ich habe bei ihm gearbeitet. Beide waren wir sehr eingebunden in die Arbeit." (Hamburgerin, seit 2 Jahren single)
„Freiheit, niemandem Rechenschaft schuldig zu sein. Ich muss nicht kochen, bin niemandem Rechenschaft schuldig, ich muss nicht funktionieren, ich muss nicht saubermachen für jemanden." (Hamburgerin, seit 10 Jahren single)

Rückblicke auf ein langes Beziehungsleben

60-Jährige mit einer Kontinuitätsbiographie (Typ 1 und 2) leben im Durchschnitt seit 36 Jahren in ihrer gegenwärtigen Beziehung. Natürlich gab es auch in diesen Beziehungen schwere Krisen. Etwa 30% der Befragten mit einer Kontinuitätsbiographie geben an, dass sie schon einmal „ernsthaft an eine Trennung" gedacht haben, 5% waren vorübergehend vom Partner bzw. von der Partnerin getrennt. Die Krise liegt in der Regel mehr als 5 Jahre zurück und fast alle (9 von 10) finden es ohne Einschränkung „richtig", dass sie in der Beziehung geblieben sind.

Die Konstanz der Beziehung wird überwiegend bejaht, uneingeschränkt (Beispiele 32 und 33) oder mit Relativierungen.[15] Beklagt werden vor allem die zu geringen sexuellen und Beziehungserfahrungen vor oder außerhalb der langen Beziehung und dass man zu früh geheiratet oder zu früh Kinder bekommen hat (Beispiele 34-37). Dies gilt in erster Linie für Frauen, die ja tatsächlich auch weniger andere Erfahrungen haben als die Männer ihrer Generation. Extrem selten sind Verbitterung oder Enttäuschung als Kern der Bilanz (Beispiel 38).

(32) „Im großen und ganzen bin ich sehr zufrieden. Wunschlos glücklich, fällt mir so ein. Das Auseinandergehen der Ehen von Freunden betrachte ich eher kopfschüttelnd. Die hätten es doch noch mal versuchen können. Wir haben Glück gehabt und passen gut zueinander und haben uns gemeinsam entwickelt." (Hamburger, 60 Jahre, Kontinuitätsbiographie seit 37 Jahren in fester Beziehung)

(33) „Man soll es genießen, wenn man älter wird, diese Partnerschaft genießen, es ist ein Traum für mich." (Leipzigerin, 60 Jahre, Kontinuitätsbiographie, seit 39 Jahren in fester Beziehung)

(34) „Meine Partnerschaft war vom Anfang bis jetzt von Vertrauen geprägt. Meine Außenbeziehungen waren immer zu Zeitpunkten, an denen ich Anerkennung brauchte. Ich war dann letzten Endes immer froh, wenn die Beziehungen vorbei waren, bereue sie aber auf keinen Fall. Manchmal hab ich mich gefragt, was ich eigentlich verpasst habe oder ob ich überhaupt was verpasst habe, weil ich gleich geheiratet und Kinder bekommen haben. Ich bin aber zufrieden und hätte wahrscheinlich alles wieder so getan." (Leipzigerin, 60 Jahre, Kontinuitätsbiographie, seit 45 Jahren in fester Beziehung)

(35) „Ich denke ich würde Erfahrungen sammeln, bevor ich heirate, Das war unser Urfehler, dass ich nicht Zärtlichkeiten eingefordert habe. Es war immer nur Befriedigung und nichts drum herum. Ich denke, wenn ich Erfahrungen gehabt hätte, hätte ich das ganz früh eingefordert und nicht nur darauf geachtet, dass es dem Mann gut geht. So bin ich erzogen." (Hamburgerin, 60 Jahre, Kontinuitätsbiographie, seit 41 Jahren in fester Beziehung)

(36) „Im Grunde genommen würde ich nichts anders machen. Schade ist, dass mein Mann nicht die Offenheit hat, über Sex zu reden. Vielleicht würde ich auch mit anderen Partnern Sex haben wollen. Diese Erfahrung hätte ich machen sollen." (Leipzigerin, 60 Jahre, Kontinuitätsbiographie, seit 41 Jahren in fester Beziehung)

(37) „Aus heutiger Sicht hätte ich mich eher trauen sollen mit dem Sex, nicht erst auf meine Frau warten sollen. Frühe Erfahrungen sind vernünftig. Den Seitensprung sehe ich zwiespältig. Ich habe für mich was gewonnen, aber die Sorgen, die ich meiner Frau gemacht habe, hätte ich ihr gerne erspart. Insgesamt bin ich sehr zufrieden mit dem Verlauf." (Hamburger, 60 Jahre, Kontinuitätsbiographie, seit 39 Jahren in fester Beziehung)

---

15 Auswertung der freien Antworten auf die „Bilanzfrage", vgl. Fußnote 9.

(38) „Ich hätte mich damals trennen sollen, oder noch früher. Mittlerweile habe ich mich mit der Ehe abgefunden. Meinen Mädchen habe ich beigebracht, dass sie sich nicht von Männern abhängig machen sollen." (Leipzigerin, 60 Jahre, Kontinuitätsbiographie, seit 34 Jahren in fester Beziehung)

Die Mehrheit der 60-Jährigen mit einer Umbruchsbiographie thematisieren die Trennung aus der langjährigen Beziehung. Für sie ist dieses Ereignis ein markanter Wendepunkt in ihrer Biographie, auf den sie (eher Männer) zwiespältig oder mit der Frage zurückblicken, ob man nicht hätte zusammenbleiben können, oder den sie (eher Frauen) als wichtigen Neuanfang darstellen[16]:

(39) „Sehr gut waren 80% meiner Ehezeit, auch sexuell. Ich bedaure, dass das nicht so bleiben konnte. Es wäre schön, wenn ich hätte toleranter sein können mit den Veränderungen meiner Frau. Ich Stiesel habe mich nicht verändert." (Hamburger, 60 Jahre, Umbruchsbiographie, Trennung im Alter von 40 Jahren aus einer 18 Jahre dauernden Beziehung mit Kindern, seit 5 Jahren single)

(40) „Wenn ich reifer gewesen wäre, hätte ich mehr kämpfen können, um die Ehe zu retten. Ich hätte gerne eine weniger prüde Erziehung gehabt, dann hätte ich vor der Ehe mehr sexuelle Erfahrungen sammeln können. Das hätte auch der Ehe gut getan. Ich hätte mir gewünscht, in meiner Ehe eine tiefere sexuelle Beziehung entwickeln zu können. Das hätte auch geholfen." (Hamburger, 60 Jahre, Umbruchsbiographie, Trennung im Alter von 44 Jahren aus einer 17 Jahre dauernden Beziehung mit Kindern, seit 13 Jahren in fester Beziehung)

(41) „Ich glaube, ich habe zu jung geheiratet. Es ist nicht gut, dass ich mich in meiner Ehe nicht immer so frei gefühlt habe, das habe ich eigentlich erst nach der Scheidung." (Hamburgerin, 60 Jahre, Umbruchsbiographie, Trennung im Alter von 50 Jahren aus einer 32 Jahre dauernden Beziehung mit Kindern, seit einigen Monaten single)

(42) „Was ich toll fand, waren die langen Jahre mit meinem Mann, das war sehr, sehr schön. Nicht so gut, dass wir uns letzten Endes getrennt haben, und das, was dazu geführt hat. Wiederum habe ich dadurch etwas Neues gefunden, was genauso gut ist. Vielleicht hätte ich in den letzten Jahren, als mein Mann so alt war, mehr mit ihm gemeinsam machen müssen. Statt dessen bin ich andere Wege gegangen." (Hamburgerin, 60 Jahre, Umbruchsbiographie, Trennung im Alter von 55 Jahren aus einer 38 Jahre dauernden Beziehung mit Kindern, seit 5 Jahren in fester Beziehung)

(43) „Habe meinen jetzigen Partner zu spät kennen gelernt oder zu lange mit der Scheidung gewartet. Ändern kann man das ja aber auch nicht mehr. Heute ist schließlich alles toll, ich vertraue jetzt nur noch auf meine innere Stimme." (Leipzigerin, 60 Jahre, Umbruchsbiographie, Trennung im Alter von 43 Jahren aus einer 26 Jahre dauernden Beziehung mit Kindern, seit 16 Jahren in fester Beziehung)

---

16 80% derer mit einer Umbruchsbiographie haben einen solchen Neuanfang in einer anderen festen Beziehung gesucht, knapp die Hälfte hatte nach dem „Umbruch" mehr als eine feste Beziehung. Männer und Frauen unterscheiden sich dabei nicht, die Frauen sind im Hinblick auf die Möglichkeiten neuer Beziehungen also keinesfalls die Verlierer nach Trennungen aus langen Beziehungen.

(44) „Ich bin mit meinem Leben sehr zufrieden. Die Scheidung hat mich eigentlich insofern hart gemacht oder etwas in mir zerstört, dass ich nicht mehr mit einem Mann in einer Wohnung zusammen leben möchte. Mein Lebenspartner und ich haben über Heirat gesprochen, mein Standpunkt hat sich nicht geändert. Eine Partnerschaft ja, einen Partner, an den man sich anlehnen kann, aber keinen Partner in der Wohnung. Das ist mein Fazit. Mein jetziger Lebensabschnitt macht mich glücklich und gibt mir Rückhalt, den ich für meine Arbeit brauche, und macht mich im Zusammenleben glücklich." (Hamburgerin, 60 Jahre, Umbruchsbiographie, Trennung im Alter von 41 Jahren aus einer 18 Jahre dauernden Beziehung mit Kindern, seit 18 Jahren in fester Beziehung)

Das Thema „Kontinuität" taucht in den Bilanzen der 60-Jährigen mit einer Kettenbiographie seltener auf als bei den 45-Jährigen (siehe oben). Das mag daran liegen, dass viele, wie schon gesagt, gegenwärtig in einer langfristigen Beziehung leben, sie fühlen sich „angekommen" (Beispiel 45). Bei den wenigen (17 Männern und Frauen), die heute single sind oder in kürzeren Beziehungen leben, überwiegt eine klare Bejahung der „Kette" (Beispiel 46 und 47); seltener wird mehr Stabilität ausdrücklich vermisst oder das unruhige Beziehungsleben explizit resignativ beschrieben (Beispiele 48 und 49).

(45) „Ich glaube, die letzten 15 Jahre sind die besten meines Lebens. Jetzt bin ich rundrum zufrieden. Ich habe mehr Glück als Verstand gehabt. Ich kann mich selbst versorgen und habe nicht mehr damit gerechnet, dass ich noch mal heirate. Aber was besseres konnte mir nicht passieren." (Hamburgerin, 60 Jahre, Kettenbiographie, bisher 5 feste Beziehungen, seit 15 Jahren in fester Beziehung)

(46) „Ich würde auf keinen Fall wieder heiraten, das ist für mich nicht die richtige Form des Zusammenlebens. Eine Geliebte zu sein, einen Geliebten zu haben, das ist die richtige Form, wenn die Spielregeln eingehalten werden. Ratsam für Frauen, die ihren Beruf haben und ihren eigenen Weg gehen." (Hamburgerin, 60 Jahre, Kettenbiographie, bisher 10 feste Beziehungen, seit 5 Jahren single)

(47) „Es hat alles Vor- und Nachteile. Ich bereue keine Beziehung. Glück und Liebe, das ist für mich das wichtigste. Ich kann mich richtig verlieben. Ich würde alles wieder so machen." (Leipzigerin, 60 Jahre, Kettenbiographie, bisher 3 feste Beziehungen, seit 8 Jahren single)

(48) „War alles gut. Ich hätte mir vielleicht gewünscht, dass es mehr Stabilität gegeben hätte, nicht diese andauernden Trennungen. Ich bin da so reingekommen. Es ist ja ganz gut, wenn man mal eine Neue hat, aber die Eltern mit ihren lebenslangen Beziehungen sind vielleicht glücklicher gewesen. Ich bin ein Hallodri geworden." (Hamburger, 60 Jahre, Kettenbiographie, bisher 7 feste Beziehungen, seit 2 Jahren single)

(49) „Was ich anders machen würde? Nicht so viele Beziehungen, lieber gleich sagen, ich kann alleine leben." (Hamburgerin, 60 Jahre, Kettenbiographie, bisher 6 feste Beziehungen, seit 3 Jahren single)

Wir haben gesehen (S. 47), dass single lebende 60-jährige Frauen ihr Alleinsein nicht selten als eine Möglichkeit sehen, Geschlechtsrollenvorgaben zu entkommen. Ein damit korrespondierender Befund findet sich in den Bilanzen der älteren Frauen: Viele bedauern ausdrücklich und spontan, wie sehr und wie lange ihr Leben von Geschlechtsrollen eingeengt wurde. Das gilt in ganz besonderem Maße für Frauen, die im frühen Erwachsenenalter (meist in den 1960ern) eine langfristige Beziehung eingingen (Kontinuitäts-, Verwitwungs- und Umbruchsbiographien) und – wieder einmal (vgl. S. 47) – für Hamburgerinnen (die ja auch seltener als Leipzigerinnen voll berufstätig waren). Ihre idealtypische Aussage „Heute würde ich Beruf und Karriere nicht so hintanstellen und meine Interessen stärker gegen den Mann durchsetzen" begegnet uns in den Bilanzen in vielfältiger Form:

(50) „Ich würde mir heute mit Sicherheit nicht so viel reinreden lassen, mich auf die Hinterbeine stellen, zum Beispiel den Führerschein machen." (Hamburgerin, 60 Jahre, Kontinuitätsbiographie, seit 38 Jahren in fester Beziehung)

(51) „Ich bin mit meiner Ehe eigentlich zufrieden, aber ich habe immer auch von einem eigenständigen Leben geträumt. Die ersten Jahre waren die schlimmsten. Mein Mann fand es gut, er ging arbeiten, aber als Frau hatte ich mir das ein bisschen anders vorgestellt." (Hamburgerin, 60 Jahre, Kontinuitätsbiographie, seit 39 Jahren in fester Beziehung)

(52) „In den anfänglichen Jahren habe ich immer ein bisschen zurückgesteckt, beruflich und in der Beziehung, das würde ich heute nicht mehr machen. Eigentlich wollte ich nach meiner Ausbildung zur Krankenschwester noch studieren, das hätte mich schon eher selbstbewusst gemacht. Eigentlich hätte ich mich von meinem Mann schon nach spätestens zwei Seitensprüngen trennen sollen und würde es aus heutiger Sicht auch machen." (Leipzigerin, 60 Jahre, Kontinuitätsbiographie, seit 38 Jahren in fester Beziehung)

(53) „Ich würde es aus heutiger Sicht besser finden, dass Mann und Frau gleichermaßen ihrem Beruf nachgehen und sich den Haushalt teilen. Von meiner Erziehung her war es so, dass ich keine Schulbildung und Ausbildung brauchte, weil ich sowieso heirate und Kinder kriege. Ich bin zufrieden mit meinem Leben, aber wenn ich heute aufgewachsen wäre, würde ich es anders machen." (Hamburgerin, 60 Jahre, Kontinuitätsbiographie, seit 40 Jahren in fester Beziehung)

(54) „Ich würde mehr kämpfen, mich nicht so vereinnahmen lassen im Geschäft meines Mannes, da sind viele Jahre, wo ich zu kurz gekommen bin. Für meinen Mann war das sein Leben, aber ich fühlte mich eher gezwungen, das mit zu machen." (Hamburgerin, 60 Jahre, Verwitwungsbiographie, verwitwet im Alter von 58 Jahren nach einer 32 Jahre langen festen Beziehung, seitdem single)

(55) „Gut war die Liebe, die Nähe, die gemeinsamen Erlebnisse, das gemeinsame Kind. Weniger gut war die Bevormundung, Unterwerfung mit dieser wahnsinnigen Rücksicht auf meinen Mann. Niemand kann einer Frau sagen, was sie tun soll." (Hamburgerin, 60 Jahre, Umbruchsbiographie, Trennung im Alter von 42 Jahren aus einer 15 Jahre dauernden Beziehung mit Kindern, seit 12 Jahren single)

(56) „Ich würde schon während der Ehe arbeiten und nicht nur das Hausmütterchen sein. Ich würde mich mehr durchsetzen in einer Beziehung, nicht immer nur Ja und

Amen sagen." (Hamburgerin, 60 Jahre, Umbruchsbiographie, Trennung im Alter von 34 Jahren aus einer 16 Jahre dauernden Beziehung mit Kindern, seit 6 Jahren single)

(57) „Weniger gut war, dass mein Mann sehr fordernd war. Ich habe in der Karriere zurückgesteckt und dann meine Arbeit aufgegeben, weil mein Mann ins Ausland ging, beruflich. Heute ärgert mich das." (Hamburgerin, 60 Jahre, Umbruchsbiographie, Trennung im Alter von 48 Jahren aus einer 29 Jahre dauernden Beziehung ohne Kinder, seit 12 Jahren single)

Die „Gender Revolution" ist auch in der älteren Generation angekommen und führt dazu, dass viele Frauen im Nachhinein ihren (frühen) Beziehungsbiographien kritisch gegenüber stehen. Dies ist aber selten mit Verbitterung verbunden, sondern eher mit der Einstellung, dass es „früher eben so war". Bei den 60-jährigen Männern finden sich kritische Äußerungen über Mann–Frau-Asymmetrien in ihren Partnerschaften übrigens sehr selten. Viele von ihnen glauben zwar, dass jüngere Paare sich heute anders arrangieren sollten[17], aber es scheint sie wenig zu behelligen, dass es in ihrer Partnerschaft anders gewesen ist.

Beziehungsbiographietypen im Generationenvergleich

Wir haben schon darauf hingewiesen, dass sich aus den erhobenen Daten die vollständigen Beziehungsbiographien aller Befragten erstellen lassen. Es liegen uns Daten zu 764[18] solcher Biographien vor, die sich über eine Lebensspanne von 15 Jahren (bei den 30-Jährigen) bis zu 45 Jahren (bei den 60-Jährigen) erstrecken. Eine Möglichkeit diese Daten statistisch zu bearbeiten, ist das Optimal-Matching Verfahren, das die Biographien im Längsschnitt zu Clustern oder Gruppen zusammenfasst (vgl. Erzberger 2001a, Kluge 2001).[19] Wir wollen diese Methode im Folgenden zur Beschreibung von Generationsveränderungen anwenden (vgl. dazu auch Dekker und Matthiesen 2004a/b, Matthiesen 2005).

---

17 Immerhin plädieren 48% der 60-jährigen Männer (49% der Frauen) im deutlichen Gegensatz zu ihrer Biographie dafür, dass Paare ihre Kinder heute in egalitären Haushalten aufziehen sollten, also Haushalts- und Berufsarbeit auf Mann und Frau gleich verteilt werden. Bei den 30- und 45-Jährigen sind dies bei Männern und Frauen gleichermaßen 67%.
18 Die Reduktion von ursprünglich 776 Befragten auf 764 Beziehungsbiographien erklärt sich folgendermaßen: 10 Befragte hatten noch nie eine feste Beziehung, zwei Befragte gaben mehr als 30 feste Beziehungen im Laufe ihrer Lebensgeschichte an. Diese 12 wurden für die Optimal-Matching-Analysen aus dem Datensatz gestrichen.
19 Eine andere Methode der Typenbildung haben wir an anderer Stelle (vgl. Schmidt und von Stritzky 2004) und auf S. 43ff. vorgestellt.

Das Verfahren der Optimal-Matching-Analysis

Die Optimal-Matching-Analysis ist ein bisher für die Analyse von Beziehungsbiographien ungebräuchliches Verfahren.[20] Sie geht auf den US-amerikanischen Wissenschaftler Andrew Abbott (Abbott 1995; Abbott and Forrest 1986; Abbott and Hrycak 1990) zurück und ist ein *exploratives* statistisches Instrument, das zur Entdeckung von Mustern und Strukturen in Lebensverläufen eingesetzt werden kann (vgl. Aisenbrey 2000). Im Prinzip werden dabei ähnliche Verläufe zu Gruppen (Clustern) zusammengefasst, die in sich möglichst homogen sind, sich aber von anderen Gruppen von Verläufen möglichst stark unterscheiden (vgl. Erzberger 2001a). Die so errechneten Cluster ergeben eine Typologie der Beziehungsbiographien der drei Generationen.

Kurz gesagt leistet die Optimal-Matching-Analysis vier Dinge:

(1) Sie betrachtet als fallorientierte Analysestrategie die *Sequenzmuster als Ganzes*. Jede Biographie kann so als eine individuelle Abfolge von verschiedenen Beziehungsformen beschrieben werden, die hier als Single, Lat, Cohab und Ehe definiert sind. Abbildung (2.10) zeigt eine fiktive Partnerschaftsbiographie eines 60-Jährigen: Sie ist in Zeiteinheiten gegliedert, denen jeweils eine Beziehungsform (A=Single, B=Lat, C=Cohab, D=Ehe) zugeordnet ist.

Abb. 2.10: Verlauf einer Partnerschaftsbiographie als Sequenzmuster

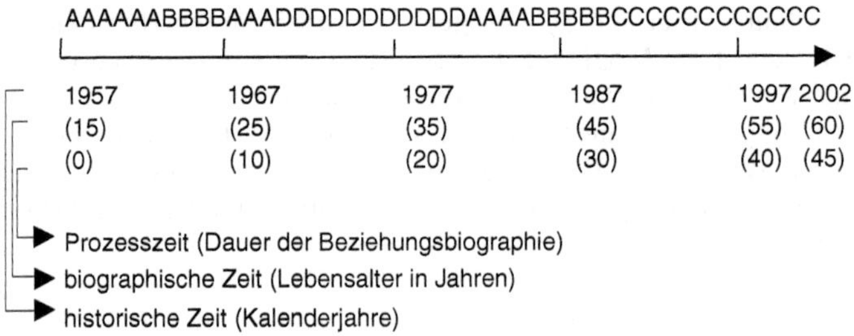

```
AAAAAABBBBAAADDDDDDDDDDAAAABBBBBCCCCCCCCCCC
```

1957	1967	1977	1987	1997	2002
(15)	(25)	(35)	(45)	(55)	(60)
(0)	(10)	(20)	(30)	(40)	(45)

- ▶ Prozesszeit (Dauer der Beziehungsbiographie)
- ▶ biographische Zeit (Lebensalter in Jahren)
- ▶ historische Zeit (Kalenderjahre)

---

20 Sie wurde aber mit gutem Erfolg beispielsweise zur Analyse von Zeiten des Alleinerziehens im Lebenslauf von Frauen eingesetzt (vgl. Erzberger 2001b). Auch in der Auswertung der neuesten Daten des Familiensurveys wurde die Pluralisierung partnerschaftlicher Lebensformen in Westdeutschland mit Hilfe der Optimal-Matching-Analysis untersucht (vgl. Brüderl und Klein 2003).

(2) In einem zweiten Schritt berechnet die Optimal-Matching-Analyse mittels eines Iterationsverfahrens eine *Matrix der Distanzen* aller Sequenzmuster untereinander.
(3) Mittels einer Clusteranalyse, die auf die Distanzmatrix angewendet wird, lassen sich dann möglichst homogene *Typen von Sequenzmustern* bestimmen.
(4) Die mittels der Clusteranalyse identifizierte Typologie kann schließlich zur *weiteren Analyse* als Variable in den Ursprungsdatensatz übernommen werden.

Bei der Optimal-Matching-Analyse handelt es sich um ein *exploratives* statistisches Instrument. Explorativ ist das Verfahren u.a. deswegen, weil die Art der Gruppierung von einer Reihe von Entscheidungen abhängt, die Forscherin oder Forscher im Laufe des Verfahrens treffen. Hierzu gehört die für die Errechnung der Ähnlichkeit zweier Beziehungsbiographien nötige Bestimmung von „Ersetzungskosten" ebenso wie die Entscheidung über die Anzahl der Cluster.[21]

Die 764 individuellen Lebensverläufe erhalten ihr charakteristisches Bild durch Art, Lage, Dauer und Abfolge bestimmter Beziehungsformen. Für die graphischen Darstellungen der Beziehungsbiographien wurden die vier Beziehungsformen auf einem Zeitpfeil angeordnet, so dass sich die Beziehungsbiographien von 30-, 45-, und 60-Jährigen wie in der folgenden Abbildung 2.11 darstellen lassen.

---

21 Diese Kostendefinition wurde hier aufgrund theoretischer Überlegungen so gewählt, dass sie einen linearen Zusammenhang zunehmender Verbindlichkeit und Institutionalisierung der vier möglichen Statuspositionen (Single, Lat, Cohab und Ehe) voraussetzt. Die Lösch- und Einfügekosten wurden einheitlich mit 0,5 festgesetzt. Da sich die Ward-Methode bei der Clusterung von Matrixdaten bewährt hat, haben wir sie auch hier verwendet. Für die Entscheidung über die adäquate Anzahl der Cluster gilt prinzipiell: Je höher die Anzahl der Cluster, desto größer ihre interne Homogenität. Gleichzeitig ist aber zu bedenken: Je mehr unterschiedliche Cluster, desto unübersichtlicher wird die Typologie. Da in diesem Fall durch den Generationenvergleich eine große Komplexität von Informationen gegeben war, haben wir uns auf 4-Cluster-Lösungen beschränkt. Für weitere Einzelheiten zum Verfahren vgl. Erzberger (2001a) sowie Dekker und Matthiesen (2004a/b).

Abb. 2.11: Graphische Darstellung einer Beziehungsbiographie
(Abfolge von Beziehungsformen im Zeitverlauf,
für alle drei Geburtsjahrgänge)

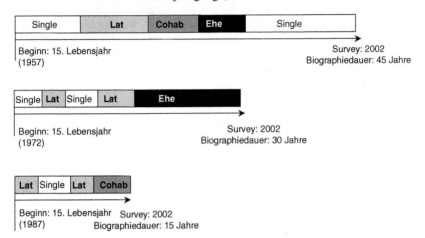

Jeder Abschnitt markiert eine abgeschlossene Beziehung oder eine abgeschlossene Singlephase. Bei der Interpretation der Daten ist zu beachten, dass sich die Definition als Cohab oder Ehe nach dem höchsten erreichten Grad der Institutionalisierung dieser Beziehung richtet: Eine sechsjährige Beziehung, deren Partner nach drei Jahren heiraten, wird über die gesamten sechs Jahre als Ehe gewertet. Dies führt dazu, dass die Biographien tendenziell „ehelastiger" erscheinen, als sie sind – eine Pluralisierung der Beziehungsformen und das Vorkommen nichtkonventioneller Beziehungen wird also eher unter- als überschätzt.

Im Weiteren werden zunächst die Längsschnitte der Beziehungsbiographien im jungen Erwachsenenalter für alle drei Generationen verglichen, dann folgt der Vergleich der Beziehungsbiographien bis zum Alter von 45 Jahren für die beiden älteren Generationen und abschließend eine differenzierte Analyse der Beziehungsbiographien der 60-Jährigen, die die Pluralität des Beziehungslebens des vermeintlich traditionellsten Untersuchungsjahrgangs nochmals herausstellt.

Junges Erwachsenenalter: Von der ehedominierten zur seriellen Biographie

Die Abbildung 2.12 zeigt für jede Generation vier Biographiecluster (bis zum Alter von 30 Jahren) in der oben beschriebenen Weise. Sie dokumentiert noch einmal den erheblichen sozialen Wandel des Beziehungsverhaltens bis zum Alter von 30 Jahren im Vergleich der drei Generationen.

Abb. 2.12: Beziehungsbiographien im jungen Erwachsenenalter – drei Generationen im Vergleich

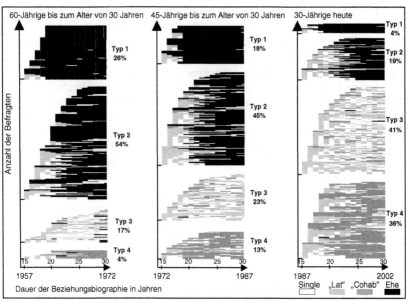

Tab. 2.9: Biographietypen bis zum Alter von 30 Jahren nach, Generation und Stadt (in %)

	1942 (60-Jährige)		1957 (45-Jährige)		1972 (30-Jährige)	
	Hamburg	Leipzig	Hamburg	Leipzig	Hamburg	Leipzig
Typ 1 Frühe Ehe	22	31	12	26	1	9
Typ 2 Späte Ehe	54	53	34	58	15	26
Typ 3 Serielle „Lat"	18	15	36	9	48	31
Typ 4 Wechselnde „Cohabs"	6	1	18	8	36	35

Signifikanz der Stadtunterschiede: p<.08 (1942), p<.000 (1957), p<.001(1972).

Der Biographietyp 1 der *frühen Eheschließung*, der bei den 1942 Geborenen immerhin ein Viertel der Biographien im jungen Erwachsenenalter ausmachte, ist in den letzten drei Jahrzehnten massiv zurückgegangen (von 26% auf 4%). Das traditionelle Muster, mit Anfang Zwanzig den möglichst ersten Beziehungspartner zu heiraten ist im Laufe der letzten 30 Jahre fast vollständig verschwunden. Die wenigen Fälle, die sich in der jüngsten Generation noch finden, sind fast ausschließlich Leipziger, die auch sehr früh Kinder bekommen haben. In den beiden Clustern, die bis zum Alter von 30 Jahren in eine Ehe münden (Typ 1 und Typ 2), findet sich im Generationenvergleich eine deutliche Zunahme der Lat- und Cohab-Beziehungen, also nichtkonventioneller Beziehungsformen, *vor* der Ehe.

Im Gegenzug ist der Anteil der durch eine *hohe Fluktuation nichtkonventioneller Beziehungsformen* geprägten Partnerschaftsbiographien (Typ 3 und Typ 4) dramatisch angestiegen – von 21% auf 77%. Diese Entwicklung verläuft relativ kontinuierlich, die 1957 Geborenen nehmen eine Zwischenposition ein. Es ist vor allem eine enorme Zunahme des Typs 4 zu verzeichnen, der sich durch eine hohe Beziehungsneigung und lange Jahre des nichtehelichen Zusammenlebens auszeichnet. Während nur 4% der 1942 Geborenen die Möglichkeit hatten, mit einem festen Partner zusammen zu leben ohne verheiratet zu sein, ist dies für die 1972 Geborenen eine selbstverständliche Option geworden. Für mehr als ein Drittel der jüngsten Generation ist das Zusammenleben in wechselnden festen Beziehungen die dominante Beziehungsform im jungen Erwachsenenalter.

Dass der Singlestatus in der Lebensphase des jungen Erwachsenenalters *nicht* als Lebensstil gewählt wird, sondern als Übergangsphase zwischen zwei Beziehungen und damit als Nebenprodukt einer hohen Beziehungsfluktuation zu interpretieren ist, zeigt sich besonders deutlich am Typ 3 der seriellen Lat-Beziehungen. Bei diesem Typ ist das Muster der sich in kurzer Folge abwechselnden Beziehungs- und Singlephasen prototypisch ausgeprägt. Bei der Interpretation der steigenden Singlezahlen werden die methodischen Vorzüge einer Längsschnittbetrachtung besonders deutlich. Es zeigt sich: Die in Querschnittdaten dokumentierte Zunahme des Singlelebens (vgl. S. 24) verdankt sich der hohen Beziehungsmobilität im jungen Erwachsenenalter, also der schlichten Tatsache, dass immer mehr Menschen über kürzere Phasen zwischen zwei Beziehungen Single sind.

Im Vergleich der beiden Städte fallen die ausgeprägtere Heiratsneigung und vor allem die Tendenz zur frühen Eheschließung in Leipzig auf. Hier kommen die sozialstrukturellen Besonderheiten der Lebenssituation junger Eltern in der ehemaligen DDR zum Tragen, durch die eine frühe Eheschließung begünstigt wurde (vgl. Starke 2005). Auch das Leben in nichtkonventionellen Beziehungen im jungen Erwachsenenalter unterscheidet sich deutlich zwischen Hamburg und Leipzig: Nichtkonventionelle Beziehungsmuster (Typ 3 und 4) sind in Hamburg in allen drei Jahrgängen viel prominenter und sie setzten sich historisch früher durch. Auch wenn die Unterschiede zwischen beiden Städten massiv sind und sich auch in der jüngsten Generation noch nicht aufgelöst haben, so verläuft die Entwicklung trotzdem in beiden Städten in die gleiche Richtung – allerdings mit unterschiedlicher Geschwindigkeit und auf unterschiedlichem Niveau.

In der Phase des jungen Erwachsenenalters hat, worauf auch die Querschnittsdaten hindeuten (vgl. S. 23f.) ein beeindruckender Wandel der biographischen Verläufe stattgefunden, und zwar weg von der (frühen) Ehe hin zu biographischen Verläufen, in deren Mittelpunkt Lat- und Cohab-Serien stehen. Nichtkonventionelle Beziehungsformen werden im jungen Erwachsenenalter zu einer neuen, mächtigen Konvention. Darüber hinaus haben die Seriellität und Fluktuation von Beziehungen in den ersten 15 Jahren der Beziehungsbiographie dramatisch zugenommen, und damit auch ihre Diskontinuität.

Mittleres Erwachsenenalter: Abnehmende Ehedominanz

Was geschieht nun nach dem 30. Lebensjahr? Ist der Zeitpunkt der Eheschließung lediglich verzögert und stabilisiert sich die Beziehungsbiographie in der Phase des mittleren Erwachsenenalters, vielleicht mit dem Übergang zur Elternschaft und der Familiengründung? Für die 30-Jährigen lässt sich darüber zum jetzigen Zeitpunkt nur spekulieren, für die beiden älteren Jahrgänge liegen jedoch vergleichbare Daten vor. Welche Unterschiede zeigen sich zwischen den 1942 und den 1957 Geborenen, wenn man ihre Biographieverläufe bis ins mittlere Erwachsenenalter verfolgt?

Abb. 2.13: Beziehungsbiographien im mittleren Erwachsenenalter – zwei Generationen im Vergleich

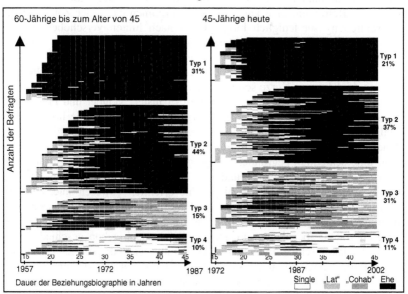

Tab. 2.10: Biographietypen bis zum Alter von 45 Jahren, nach Generation und Stadt (in %)

	1942 (60-Jährige)		1957 (45-Jährige)	
	Hamburg	Leipzig	Hamburg	Leipzig
Typ 1 Traditionell ehedominiert	26	39	8	38
Typ 2 Ehe und Umbruch	41	46	40	33
Typ 3 Seriell nichtkonventionell	23	5	39	21
Typ 4 Ketten mit langen Singlephasen	10	10	14	8

Signifikanz der Stadtunterschiede: $p<.001$ (1942), $p<.000$ (1957).

Eine Betrachtung der traditionellen und damit wesentlich durch die Ehe bestimmten Cluster (Typ 1 und 2) bestätigt, was der Überblick anhand der Querschnittdaten zum Rückgang der Eheschließungen bereits andeutete: Biographietypen, in deren Zentrum die Ehe steht, sind seltener geworden – und zwar auch, wenn wir sie bis zum Alter von 45 Jahren verfolgen. Insgesamt ist ein Rückgang der beiden ehedominierten Typen 1 und 2 von 75% (Jg. 1942) auf 58% (Jg. 1957) zu verzeichnen, der bei dem traditionelleren Typ 1 stärker ausfällt als beim unspezifischen Typ 2, in den vor allem Ehen mit vorherigen Lat-Serien und inzwischen wieder Geschiedene eingehen. Bei den verheirateten 45-Jährigen finden sich regelmäßig mehrere Lat-Beziehungen vor den langjährigen Ehen (Typ 2). Nur sehr selten wird im Sinne des traditionellen Modells des „einzigen Partners" gänzlich auf sexuelle und Beziehungserfahrungen vor der Ehe verzichtet, dieses Muster findet sich nur bei Leipziger Befragten. Man kann also nicht argumentieren, der Zeitpunkt der Eheschließung sei lediglich biographisch nach hinten verschoben. Immer mehr Menschen leben *vor* der Ehe, *nach* der Ehe und *anstatt* einer Ehe längerfristig in nichtkonventionellen Beziehungsformen.

Verdoppelt hat sich der Typ 3, der seriellen Cohab- und Lat-Beziehungen bei den 45-Jährigen. Kurze serielle Beziehungen und viele nichteheliche Lebensgemeinschaften charakterisieren dieses Cluster. Männer und Frauen mit einer solchen Biographie haben im Vergleich aller Cluster die höchste Anzahl fester Beziehungen und folgerichtig auch die höchste Anzahl verschiedener Sexualpartner. Die Wahl einer solchen unkonventionellen Biographie wird unterschiedlich begründet. Einige geben an, den richtigen Partner oder die richtige Partnerin nicht gefunden zu haben, andere beschreiben, dass sie lange Zeit stark an ihrer Berufsbiographie orientiert gewesen sind. Die Ablehnung der Ehe und der traditionellen Familiengründung wird von den Befragten, die nie geheiratet haben, kaum dramatisiert: „Vielleicht hätte man heiraten sollen, aber dann wäre man vielleicht auch schon geschieden," so lautet der lakonische Kommentar einer Hamburgerin, die seit 23 Jahren mit ihrem Partner unverheiratet zusammenlebt. Betrachtet man das unverheiratet Zusammenleben in diesem Cluster hinsichtlich seiner Platzierung im Lebensverlauf, dann wird deutlich, dass es in drei verschiedenen biographischen Zusammenhängen vorkommen: erstens als Beziehungen *vor* Ehen, zweitens als längerfristige Beziehungen *nach* geschiedenen Ehen und drittens als eigener *Beziehungsstil*, der über viele Jahre der Beziehungsbiographie beibehalten wird.

Was bei den Beziehungsbiographien bis zum Alter von 30 Jahren noch keine Rolle spielt, bildet bei jenen bis zum Alter von 45 Jahren ein eigenes Cluster: Typ 4 Beziehungsketten mit langen Singlephasen beschreibt ein biographisches Muster, in dem lange Phasen des Erwachsenenlebens als Single gelebt werde. Für diese Männer und Frauen ist das Single-Dasein mehr als eine bloße Übergangsphase und wird zum Lebensstil. Der Anteil dieses Biographietyps ist allerdings im Vergleich der beiden älteren Generationen nicht angestiegen, er liegt einigermaßen konstant bei einem Zehntel. Auch hier findet sich also kein Hinweis auf eine zunehmende Versingelung der Gesellschaft.

Auch die Biographieverläufe bis zum mittleren Erwachsenenalter zeigen deutliche Stadtunterschiede in der schon beschriebenen Tendenz: Während in Hamburg das traditionelle Muster einer frühen Heirat, die bis zum Alter von 45 Jahren anhält (Typ1), in der Generation der 1957 Geborenen nicht einmal mehr 10% ausmacht, ist dies in Leipzig immer noch der häufigste Biographietyp (38%). Die schon für das junge Erwachsenenalter beschriebene stärkere Eheorientierung der Leipziger und eine langsamere Verbreitung nichtkonventioneller Beziehungsformen finden sich auch hier.

Besonders die ersten 15 Jahre vieler Partnerschaftsbiographien der 1957 Geborenen sind eine Phase der Suche und des Ausprobierens, die von einer hohen Beziehungsfluktuation gekennzeichnet ist. Nach dieser Phase stabilisieren sich die Verhältnisse: Langjährige Ehen, aber auch langjährige nichteheliche Lebensgemeinschaften prägen die Lebensphase zwischen 30 und 45. Als neues biographisches Muster treten in Folge der Deinstitutionalisierung von Partnerschaften und der Liberalisierung des sexuellen Verhaltens und der Sexualmoral bei den 45-Jährigen erstmals in größerem Umfang Ketten von Lat- und Cohab-Beziehungen hervor, die durch eine erhöhte Serialität geprägt sind (Typ 3). Die Anzahl der Sexual- wie auch der Beziehungspartner ist hier deutlich höher als bei anderen Biographietypen. Weit verbreitet – und eine Erklärung für die hohe Beziehungsmobilität dieser Generation – ist die Annahme, die Qualität einer Beziehung sei ein wichtigeres Kriterium als ihre Dauer.

Insgesamt zeigt sich der soziale Wandel des Beziehungsverhaltens im jungen Erwachsenenalter pointierter, als im mittleren Erwachsenenalter. Hier schlägt sich die oben schon angesprochene Tatsache nieder, dass sich die Beziehungsbiographien der 1957 Geborenen nach einer experimentellen, durch hohe Partnermobilität gekennzeichneten ersten Phase im mittleren Erwachsenenalter zu konsolidieren beginnen, während ein nicht unerheblicher Anteil der 1942 Geborenen im mittleren Erwachsenenalter Umbrüche und Neuanfänge von Beziehungen erlebte (vgl. S. 39ff.).

Biographietypen 60-Jähriger

Bisher haben wir die Befragten der drei Geburtsjahrgänge daraufhin verglichen, wie sie ihr Beziehungsleben im jungen und mittleren Erwachsenenalter organisiert haben. Bei einer solchen Betrachtung erscheint der Jahrgang 1942 als besonders „traditionell". Und tatsächlich ist die Normalbiographie – Elternfamilie, Junggesellenzeit, Eheschließung, eigene Familie bis zur Verwitwung – für diese Generation häufig das angestrebte Lebensmodell gewesen. Viele Angehörige dieser Generation haben jedoch, wie wir schon gesehen haben, früher oder später, freiwillig oder unfreiwillig, mit diesem Lebensentwurf gebrochen (vgl. S. 43ff.). Dabei bilden sich in dieser Generation die Besonderheiten des Lebens in Hamburg und Leipzig besonders deutlich in den Beziehungsbiographien ab. Betrachten wir nun auch anhand der Biographietypen, wie Hamburger und Leipziger auf die sexuelle Liberalisierung und die gesellschaftlichen Umbrüche, die sich im Laufe ihres Lebens ereignet haben, reagierten.

Abb. 2.14a: Beziehungsbiographien 60-jähriger Hamburger

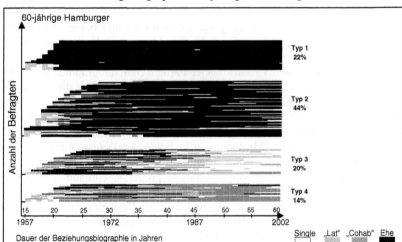

Abb. 2.14b: Beziehungsbiographien 60-jähriger Leipziger

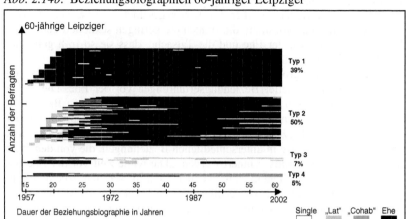

Tab. 2.11: Biographietypen bis zum Alter von 60 Jahren, nach Stadt (in %)

	Hamburg	1942 (60-Jährige) Leipzig	Gesamt
Typ 1 Traditionell	22	39	29
Typ 2 Späte Ehe/früh geschieden	44	50	47
Typ 3 Abnehmende Beziehungsdichte	20	7	15
Typ 4 Lange „Cohabs"	14	5	10

Signifikanz der Stadtunterschiede: p<.000.

Knapp 30% der heute 60-Jährigen – fast doppelt so viele Leipziger wie Hamburger – leben in einer kontinuierlich-ehelichen Beziehungsbiographie (Typ 1). Alle diese Befragten haben keine oder nur minimale Beziehungserfahrungen vor ihrer Ehe gemacht. Sie lernten ihren späteren Ehepartner Anfang der 60er Jahre im Alter von etwa 20 Jahren kennen, sind im Durchschnitt seit 35 Jahren verheiratet. Dieser Biographietyp entspricht noch am ehesten dem normativen Leitbild, in einer Lebensgeschichte Liebe, Sexualität, Beziehung und Familie mit einer einzigen Person zu erleben, wie sie dieser 60-jährige Hamburger formuliert:

> „Ich habe mir, als ich jung war, immer gesagt, es kann nur einen Partner für mich geben und den muss ich finden. (...) Sie ist eben der Partner für mich und da gehört eben auch viel Liebe zu und das Vertrauen, was man in einen Partner setzt und, also, es gibt keinen anderen Partner für mich." (60-jähriger Hamburger, seit 40 Jahren verheiratet, eine Sexual- und Beziehungspartnerin)

Die langen Ehejahre und die große Kontinuität der Lebensgeschichte werden von den Männern und Frauen des Typs 1 positiv erlebt und bewertet, die meisten beschreiben ihre Beziehung gegenwärtig als emotional und sexuell lebendig. Die Zufriedenheit über ihre Lebensgeschichte ist bei der Mehrheit hoch. Kritisch sehen vor allem die Frauen die geringen sexuellen und Beziehungserfahrungen vor der Ehe und die Tatsache, dass sie so früh geheiratet und Kinder bekommen haben.

Die zweite und größte Gruppe (Typ 2) zeigt im Unterschied zu Typ 1 ein spezielles Muster serieller Beziehungserfahrungen vor der Ehe. Diese Biographien münden zum Teil erst Anfang der 80er Jahre, also zu Beginn des vierten Lebensjahrzehnts der Befragten, in die Ehe. Dementsprechend sind die Ehen deutlich kürzer. Die späte Eheschließung folgt hier auf eine etwa 15-jährige Lebensphase in unterschiedlichen Beziehungen, die von den meisten Befragten sehr positiv erinnert werden. „Die wilde Zeit vor der Ehe war auch eine schöne Zeit. Die möchte ich auch nicht missen. Ich habe damit nie gehadert, aber in der Ehe war Schluss." – so beschreibt dieser 60-jährige Mann den Übergang von seiner experimentellen Jugendphase zu seiner bis heute glücklichen Ehe.

Eine wichtige Untergruppe in diesem Cluster bilden die geschiedenen Männer und Frauen. 46% aller Befragten dieses Typs haben in ihrer Lebensgeschichte eine Scheidung erlebt. Etwa die Hälfte der Geschiedenen ist eine zweite Ehe eingegangen, die andere Hälfte lebt in nichtkonventionellen Beziehungsformen oder ist – wie viele 60-jährige Frauen – gegenwärtig Single. Sie betrachten rückblickend ihre erste Ehe oft kritisch und sind froh, sich durch die Scheidung aus traditionellen Rollenbildern und Abhängigkeitsverhältnissen gelöst zu haben.

Nach einer frühen Ehe, die in vielen Fällen zwischen dem 30sten und 40sten Lebensjahr geschieden wurde, blieben die Männer und Frauen des Biographietyps 3 über lange Phasen Single oder lebten in kurzen seriellen Lat-Beziehungen. Viele dieser Befragten schätzen – vor dem Hintergrund der oft schlechten Erfahrungen in der Ehe – die in der zweiten Lebenshälfte erreichte Unabhängigkeit. Die Scheidung hat für viele der Befragten des Typs 3 einen massiven Umbruch in der privaten Lebenssituation dargestellt. Insgesamt sind diese Partnerschaftsbiographien weniger von Kontinuität geprägt als die bisher vorgestellten. Männer und Frauen mit dem Biographiemuster der *abnehmenden Beziehungsdichte* erreichen im Durchschnitt die zweithöchste Zahl fester Beziehungen und die höchste durchschnittliche Anzahl verschiedener Sexpartner. Im Alter von 60 Jahren, also zum Zeitpunkt der Befragung, sind sie jedoch sexuell wenig aktiv, was sich vor allem durch die Tatsache erklärt, dass viele in der Gegenwart Single sind. Dieser Biographietyp findet sich vor allem in Hamburg.

Und auch der Typ 4, bei dem die dominante Partnerschaftsform das unverheiratete Zusammenleben ist, findet sich vor allem in Hamburg. Etwa ein Zehntel der Männer und Frauen dieser Generation haben sich gegen einen konventionellen Lebensentwurf entschieden – oder konnten diesen nicht realisieren – und lebten über lange Phasen ihres Lebens unverheiratet mit einem Partner oder einer Partnerin zusammen.

Die hier vorgestellte Typologie ermöglicht einen ungewöhnlich detaillierten Einblick in die Vielfalt des Beziehungslebens des vermeintlich traditionellsten Untersuchungsjahrgangs. Es zeigt sich in beeindruckender Weise beides: Die Dominanz der Ehe auf der einen Seite – nur 8% der 60-Jährigen waren *nicht* irgendwann in ihrem Leben einmal verheiratet – und gleichzeitig die Heterogenität der Lebensverläufe und die Vielzahl biographischer Muster. Beeindruckend ist ebenfalls, wie deutlich sich die unterschiedliche gesellschaftspolitische Entwicklung in Ost und West in den Beziehungsbiographien niedergeschlagen hat. Die frühe Eheschließung war typisch für die Leipziger dieser Generation und sie verdankte sich sehr komplexen gesellschaftlichen Strukturen, unter denen die viel zitierten Vorteile bei der Wohnungssuche, die junge Ehepaare in die DDR genossen, sicher nur ein Aspekt sind (Starke und Weller 2000).

Zusammenfassend lässt sich festhalten, dass auch die in Beziehungsfragen vermeintlich traditionellen 60-Jährigen sehr viel heterogenere Partnerschaftsbiographien erlebt haben, als es die Rede vom „golden age of marriage" (vgl. Schneider 2002) oftmals nahe legt. Manche heirateten erst spät und nach einer Reihe anderer Beziehungserfahrungen, andere ließen sich im Laufe ganz traditionell begonnener Beziehungsbiographien scheiden, lebten unabhängig oder in Lat- oder Cohab-Beziehungen. Ein bürgerlicher Normallebensverlauf jedenfalls hat sich schon in dieser Generation nicht mehr als Mehrheitsmodell durchsetzen können.

Der Einfluss der sozialen Schicht

Haben die in diesem Kapitel beschriebenen Tendenzen in verschiedenen sozialen Schichten stattgefunden? Ganz offensichtlich ja. Wenn wir Abiturienten und Nichtabiturienten vergleichen (pars pro toto im Hinblick auf die Beziehungsformen im Alter von 30 Jahren und auf die Anzahl der Beziehungen bis zum Alter von 30 Jahren, vgl. Abbildung 2.15 und 2.16), so zeigt sich in beiden Gruppen eine deutliche Abnahme der Ehe zugunsten nichtkonventioneller Lebensformen sowie eine Zunahme serieller Beziehungsmuster. Allerdings sind diese Entwicklungen bei den Abiturienten geringfügig deutlicher als bei denen mit kürzerer Schulbildung. Auch diejenigen Tendenzen, die wir für das höhere Erwachsenenalter beschrieben haben, sind in beiden Schichten gleichermaßen zu finden (Tabelle 2.12): Hamburger mit und ohne Abitur haben sich häufiger aus einer Ehe getrennt als Leipziger mit höherer und geringerer Schulbildung, erstere leben zum Zeitpunkt der Befragung seltener in einer Ehe und in einer Kontinuitätsbiographie und häufiger alleine als letztere.

Abb. 2.15: Beziehungsstatus im Alter von 30 Jahren nach Generation und Schulbildung (in %)[1]

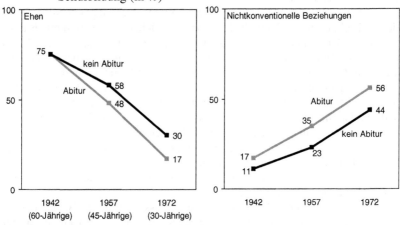

Die Fallzahlen variieren von n=81(Abitur, 1942) bis n=177 (kein Abitur, 1942).
Signifikanz der Generationsunterschiede für beide Gruppen: $p<.000$.
Signifikanz der Schulbildungsunterschiede: ns (1942), $p<.09$ (1957), $p<.06$ (1972).
1 „Lat" und „Cohab" wurden zu „nichtkonventionell" zusammengefasst.

Abb. 2.16: Durchschnittliche Anzahl der festen Beziehungen bis zum Alter von 30 Jahren, nach Generation und Schulbildung (M)[1]

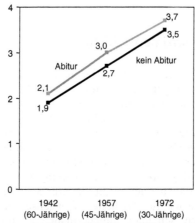

Die Fallzahlen variieren von n=81(Abitur, 1942) bis n=177 (kein Abitur, 1942).
Signifikanz der Generationsunterschiede für beide Schulbildungsgruppen: $p<.000$.
Signifikanz der Schulbildungsunterschiede für alle drei Generationen: ns.
1 Einschließlich der mit 30 Jahren aktuellen Beziehung.

Tab. 2.12: Beziehungsparameter 60-Jähriger, nach Schulbildung und Stadt (in %)

	Hamburg		Leipzig	
	kein Abitur n=109	Abitur n=96	kein Abitur n=68	Abitur n=39
jemals aus Ehe getrennt oder geschieden	45	45	28	23
gegenwärtig verheiratet	53	52	78	85
gegenwärtig single	33	19	16	3
Kontinuitätsbiographie	44	45	71	80

Die Stadtunterschiede sind in beiden Schulbildungsgruppen für alle vier Items statistisch signifikant, (p<.04 bis p<.001). Die Schulbildungsunterschiede sind für das Item „gegenwärtig single" signifikanznah, (p<.09 Hamburg) bzw. signifikant (p<.03 Leipzig), alle anderen für beide Städte ns.

Diese Befunde sind wichtig für die Beurteilung der Gültigkeit unserer Daten für die Zielpopulationen (Hamburger und Leipziger der drei Generationen). Wir haben oben darauf hingewiesen, dass Abiturienten in unserer Stichprobe deutlich überrepräsentiert sind. Wären die Trends in den Schichten sehr unterschiedlich, dann wären unsere Aussagen über die Gesamtgruppe (Daten aller Schichten zusammengefasst) wenig sinnvoll. Nun ist wahrscheinlich, dass der Schichtbias in unserer Stichprobe die Daten wenig verzerrt. Diese Annahme belegt Tabelle 2.13, in der die Verteilungen der Beziehungsformen im Alter von 30 Jahren schichtkorrigiert sind: Wäre die Schulbildung in unseren Stichproben so verteilt wie in den Populationen, dann wären unsere Ergebnisse nur geringfügig anders. Die Differenzen betragen zwischen 0 und 4, im Durchschnitt 1 – 2 Prozentpunkte. Der starke Schulbildungsbias des Samples hat auf die präsentierten Ergebnisse offenbar nur einen geringen Einfluss.

Tab. 2.13: Auswirkung des „Abitur-Bias" der Stichprobe: Beziehungsformen im Alter von 30 Jahren; Ausgangsdaten (Ausg.) und nach Schulbildung korrigierte Werte (Korr.) (in %)[1]

	1942 (60-Jährige)		1957 (45-Jährige)		1972 (30-Jährige)	
	Ausg.	Korr.	Ausg.	Korr.	Ausg.	Korr.
Single	12	13	16	18	26	26
Lat	6	5	17	14	23	22
Cohab	7	7	14	12	29	26
Ehe	75	75	53	56	22	26

1 Daten für Hamburg und Leipzig sowie für Männer und Frauen zusammen gefasst. Die korrigierten Werte wurden durch eine Gewichtungsprozedur gewonnen, die die Verzerrung unserer Daten durch den überproportionalen Anteil der Abiturienten korrigiert.

Kapitel 3
Beziehungsleben

Wir haben vier Kategorien des Beziehungsstatus der Befragten unterschieden: single leben, „Living apart together" (Lat), unverheiratet zusammenwohnen (Cohabiting) und verheiratet zusammenleben. Wir wollen die Besonderheit dieser „Zustände" des Beziehungslebens nun näher untersuchen.

Singleperioden und Singles

Wenn Partnerschaften serieller werden, dann – so haben wir gezeigt – werden auch Singleperioden in der Beziehungsbiographie häufiger, da Beziehungen in der Regel nicht übergangslos aufeinander folgen. Bis zum Zeitpunkt der Befragung hatten die 30-Jährigen im Durchschnitt 2.2 Singleperioden nach ihrer ersten Beziehung erlebt, die 60-Jährigen hingegen in ihrem längeren Leben durchschnittlich nur 1.3 (Daten für Hamburg und Leipzig sowie Männer und Frauen zusammengefasst). Multiple Singleperioden und Wiederholungssingles sind Nebenprodukte serieller Beziehungen (vgl. S. 24).

Singleperioden als Übergangsphänomen

Die Befragten berichten insgesamt über 1956 Trennungen.[1] 30% dieser Trennungen führten übergangslos in eine neue Beziehung, 70% in eine kürzere oder längere Singleperiode. Abbildung 3.1 zeigt, wie lange es dauert, bis eine Frau oder ein Mann nach einer Trennung wieder einen Partner findet. Wir unterscheiden dabei, ob die Trennung im frühen Erwachsenenalter (18 bis 25 Jahre), im mittleren Erwachsenenalter (31 bis 40 Jahre) oder im höheren Erwachsenenalter (46 bis 55 Jahre) erfolgte. Die Ergebnisse lassen sich so zusammenfassen:

---

1 In allen Altersgruppen ergriffen Frauen häufiger die Trennungsinitiative als Männer (50% gegenüber 33%, in 17% aller Trennungen ging die Initiative von beiden aus). Dies ist eine aus den Scheidungsstatistiken bekannte Tendenz (Peuckert 2004).

Abb. 3.1: Dauer des Singlelebens (in Jahren), nach Alter bei der Trennung (kumulative Verteilungen, in %)[1]

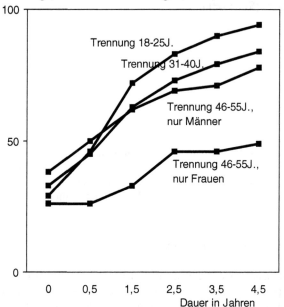

Die Daten basieren auf 918 Trennungen (18-25 Jahre), 241 Trennungen (31-40 Jahre) und 79 Trennungen (46-55 Jahre).
Signifikanzen zwischen den vier Gruppen: ns (0 Jahre), $p<.02$ (0,5 Jahre), $p<.000$ (1,5-4,5 Jahre).

1 Die Graphik zeigt, wie viele Männer und Frauen innerhalb einer bestimmten Zeit nach der Trennung wieder in einer festen Beziehung lebten. Die 0 kennzeichnet den Prozentsatz derer, die ohne Singleleben direkt in eine neue Beziehung gingen. Für die Gruppen 18-25 Jahre und 31-45 Jahre sind die Daten für Männer und Frauen zusammengefasst, da die Geschlechtsunterschiede gering sind.

- Mit Ausnahme der Frauen, die sich mit 46 Jahren oder später trennen, ist die Tendenz, sich schnell wieder zu binden, bei allen Gruppen groß. 60% bis 70% leben 18 Monate nach der Trennung wieder in einer festen Beziehung. Eine Minderheit von 5% bis 22% ist allerdings auch nach mehr als vier Jahren noch allein.
- Je jünger ein Mann oder eine Frau bei der Trennung ist, desto schneller findet er oder sie wieder einen festen Partner.
- Männer und Frauen, die sich im frühen oder mittleren Erwachsenenalter trennen, unterscheiden sich nicht in der Dauer, für die sie allein bleiben. Frauen, die sich nach dem 45. Lebensjahr trennen, nehmen hingegen eine Sonderrolle ein: Mehr als die Hälfte von ihnen lebt auch fünf Jahre nach der Trennung noch allein. Offenbar ist ihre Bereitschaft besonders ge-

ring, sich wieder zu binden, und/oder es ist besonders schwierig für sie, einen geeigneten Partner zu finden. Entsprechend ist der Anteil der Singles bei den älteren Frauen deutlich größer als bei den älteren Männern (vgl. S. 21; Schmidt und Matthiesen 2003).

Für die meisten, vor allem für die Jüngeren, ist das Singlesein eine Übergangsperiode zwischen zwei Beziehungen. Deshalb sprechen Haavio-Mannila u.a. (2002, 2003) auch nicht von „Singles" sondern vom Lebensstil des „Searching" oder der Partnersuche. Beziehungslos zu sein ist weniger ein positiv bestimmter, frei gewählter Lebensentwurf, sondern oft eine Mangelsituation – um ein Wortspiel Stefan Hradils (2003) aufzunehmen – weniger ein „Leitbild" als ein „Leidbild".

Singletypen in den drei Generationen

Wir betrachten nun diejenigen Männer und Frauen, die zum Zeitpunkt der Befragung ohne Beziehung lebten (23% der Gesamtstichprobe). Nach ihrer subjektiven Perspektive unterscheiden wir zunächst zwei Gruppen: Der *Übergangssingle* ist sich ganz sicher, dass er oder sie in spätestens fünf Jahren wieder in einer festen Beziehung leben wird; der *stetige Single* ist überzeugt, dass er oder sie in fünf Jahren noch allein sein wird oder hat zumindest erhebliche Zweifel daran, in diesem Zeitraum einen Partner oder eine Partnerin zu finden. Mit dem Alter der Befragten steigt der Anteil der stetigen Singles stark an (Tabelle 3.1). Nach unseren im letzten Abschnitt dargestellten Ergebnissen, denen zufolge neue Beziehungen oft und schnell eingegangen werden, kann man davon ausgehen, dass viele stetige Singles, vor allem die Jüngeren, die Dauer oder gar die Endgültigkeit ihres Alleinseins pessimistisch überschätzen.

Tab. 3.1: Perspektive, Akzeptanz und Dauer des bisherigen Singlelebens (in %)

	1942 (60-Jährige)	1957 (45-Jährige)	1972 (30-Jährige)	Sign.(p)
Perspektive				
Übergangssingle	27	44	74	
Stetiger Single	73	56	26	.000
Akzeptanz				
zufrieden	42	20	16	
ambivalent	39	36	45	.01
unzufrieden	19	44	39	
Dauer				
bis 2 Jahre	21	40	77	
3-5 Jahre	23	21	19	.000
6 und mehr Jahre	57	39	5	

Die Fallzahlen sind der Tabelle 1.8 zu entnehmen.

Aufgrund von Aussagen über das Erleben des Singleseins haben wir die Befragten in drei Gruppen eingeteilt: Solche, die mit dem Alleinleben überwiegend zufrieden sind, solche, die überwiegend unzufrieden sind und schließlich jene, die dem Alleinleben sowohl gute als auch schlechte Seiten abgewinnen, die also ambivalent sind.[2] Die 60-Jährigen haben sich häufiger mit dem Alleinsein arrangiert als die jüngeren Generationen (Tabelle 3.1). Auffällig ist der relativ hohe Prozentsatz der Ambivalenten in allen drei Generationen (vgl. dazu Kaufmann 2002). Wir kommen auf diese Ambivalenz zurück.

Nach der Dauer des Alleinlebens kann man schließlich Langzeit- und Kurzzeitsingles unterscheiden. Erstere sind nach unserer Definition seit über 5 Jahren allein; ihr Anteil nimmt mit dem Alter in gleichem Maße zu wie der Anteil der Kurzzeitsingles – sie sind 2 Jahre oder kürzere Zeit allein – abnimmt (Tabelle 3.1).

Aus all diesen Parametern lässt sich für die verschiedenen Altersgruppen sehr klar die typische Art, Single zu sein, heraus kristallisieren:

– Der typische 60-jährige Single lebt seit mehreren Jahren allein und geht davon aus, dass dies so bleiben wird. Es gibt zwei Untertypen: Diejenigen, die das in Ordnung finden, und diejenigen, die (noch) damit hadern. „Abgeklärte Stetige" sind bei den Frauen, „hadernde Stetige" bei den Männern etwas häufiger.
– Der typische 30-jährige Single lebt erst seit kurzem allein, geht davon aus, dass sich dies über kurz oder lang wieder ändern wird und wartet ungeduldig auf die nächste Beziehung. Männer und Frauen sind gleichermaßen „Übergangsdrängler".
– Die 45-jährigen bieten ein Mischbild. „Übergangsdrängler" und „hadernde Stetige" sind etwa gleich häufig, und bei Frauen gibt es auch schon etliche „abgeklärte Stetige".

Mit zunehmendem Alter wird das Singledasein objektiv und im Erleben der Betroffenen immer seltener zu einem Übergangsphänomen, sondern häufiger zu einer Lebensform, an der sich wahrscheinlich nichts mehr ändern wird und deren erwartete Unveränderbarkeit bedauernd, resignierend, gelassen oder auch bejahend hingenommen wird.

---

2 Die Aussagen sind: „Ich leide darunter, alleine zu leben"; „Ich vermisse etwas"; „Ich bin zufrieden damit"; „Ich möchte nicht anders leben"; „Ich möchte gegenwärtig gerne eine feste Partnerschaft haben". Wurden mindestens vier dieser Fragen im Sinne einer Zufriedenheit beantwortet, wurde der Befragte als zufrieden eingestuft; beantwortete er mindestens vier Fragen im Sinne einer Unzufriedenheit, wurde er als unzufrieden eingestuft. Als ambivalent wurden Befragte beurteilt, die jeweils 2-3 positive bzw. negative Urteile abgaben.

Ambivalenzen der Singles

Wir kommen noch einmal auf die Ambivalenz gegenüber dem Alleinleben zurück. Die Antworten auf die offenen Fragen: „Was finden Sie gut daran, nicht fest gebunden zu sein?" und „Was fehlt Ihnen?" zeigen, was den Single zwiespältig macht: der Wunsch nach Nähe, Geborgenheit, Rückhalt, Austausch und, seltener, Sexualität einerseits – all dies sind im übrigen Faktoren, die heute auch für den Zusammenhalt von Beziehungen als besonders wichtig angesehen werden (vgl. S. 83ff.) – und die Wertschätzung, ja das Genießen der eigenen Unabhängigkeit andererseits. Selbst Singles, die vieles vermissen und sich sehr nach einer neuen Partnerschaft sehnen, betonen, wie gut es ist, tun und lassen zu können, was man will. Hier sind einige Beispiele für die Zwiespältigkeit des Singles:

> „Ich kann mich frei entscheiden, was ich machen will, keiner schiebt mir einen Riegel vor. Meine Frau hat das alles nicht mitgemacht, besonders Urlaubsreisen, sie wollte immer zu Hause sein. Ich kann mein Leben selbst gestalten. (Mir fehlt) das gemeinsame Frühstück, die täglichen Gespräche, dass man morgens zusammen aufwacht und abends gemeinsam einschläft." (Hamburger, 60 Jahre, seit 3 Jahren single)

> „Ich kann tun, was ich gerne möchte, muss nicht lange diskutieren, ob ich etwas machen kann. (Mir fehlt) die Zweisamkeit, zusammen etwas unternehmen, Kuscheln, Sex." (Hamburgerin, 60 Jahre, seit 4 Jahren single)

> „Ich würde nicht mehr mit einem Mann zusammenwohnen. Ich hab mich so eingerichtet, ich brauche niemanden zu fragen und daran kann man sich auch gewöhnen. (Mir fehlen) Streicheleinheiten, doch ich bin ja nicht jenseits von gut und böse, da ist eben nun Mangel an Gelegenheit." (Hamburgerin, 60 Jahre, seit 20 Jahren single)

> „Bin niemandem Rechtfertigung schuldig, kann tun und lassen, was ich will. (Mir fehlt) der Sex, und dass jemand da ist, mit dem ich mich unterhalten kann." (Leipziger, 45 Jahre, seit 4 Jahren single)

> „Ich muss mich nicht rechtfertigen, ich kann mein Leben gestalten, wie ich möchte, ich kann für mich selbst bestimmen, mein geschiedener Mann hat mich zu sehr beschlagnahmt und das war auch ein Grund für unsere Trennung. (Mir fehlt) jemanden zu haben, mit dem ich sprechen kann, die Zärtlichkeit, die Zuneigung, das In-den-Arm-Nehmen. Man kann sich nicht immer so mitteilen, wie man gerne möchte." (Hamburgerin, 45 Jahre, seit 3 Jahren single)

> „Keine Verpflichtungen, keine Rücksichtnahme, viel eigene Freiheit. (Mir fehlt) die Schulter zum anlehnen, jemand, mit dem man alles teilen kann, der da ist, wenn man nach Hause kommt, Vertrautheit, Geborgenheit." (Hamburger, 30 Jahre, seit 4 Jahren single)

> „Jede Entscheidung frei zu treffen und nicht immer einen anderen Menschen mit einbeziehen zu müssen, man hat mehr Zeit für eigene Freunde und lernt viel schneller neue Leute kennen. (Mir fehlt) nachts eine starke Männerbrust, an die ich mich beim Einschlafen kuscheln kann, das Gefühl, heiß geliebt zu werden und in funkelnde Augen sehen zu können. Einfach geliebt zu werden und selbst zu lieben." (Leipzigerin, 30 Jahre, seit einigen Monaten single)

Singlesex

Knapp ein Viertel unserer Befragten sind Singles. Von allen Geschlechtsverkehren[3], die die Männer und Frauen unserer Studie in den letzten 4 Wochen hatten, entfielen aber nur etwa 5% auf die Singles (vgl. S. 114). Schon diese Diskrepanz zeigt, dass ihr Sexualleben eher karg ist und die oft präsentierten Geschichten über das ungestüme, bunte, intensive und abenteuerliche Sexualleben der Singles vor allem mediale Phantasien sind. Die Daten der Tabelle 3.2 weisen dies noch einmal aus. Zwar haben Singles mehr Sexpartner als fest Liierte, doch der Sex mit ihnen ist selten. Sporadischer Sex mit verschiedenen Partnern ist ein Muster, das man bei Singles häufig findet – vor allem bei den Jüngeren.

Unterscheiden sich Männer und Frauen, die ohne Partner leben, in ihrem Sexualverhalten? Bei den 30-Jährigen nicht, bei den 45- und vor allem bei den 60-Jährigen sind die weiblichen Singles sexuell noch zurückhaltender als die männlichen. Das eingeschränkte Sexualleben vieler Singles führt dazu, dass sie dies viel kritischer bewerten und sexuell deutlich unzufriedener sind als die fest Liierten (Tab. 3.2). Die mangelnde Partnersexualität kompensieren viele allein lebende Männer und Frauen, vor allem die Jüngeren, mit der Masturbation (Abb.3.2).

Tab. 3.2: Sexuelles Verhalten (Partnersexualität) und Beurteilung der Qualität des gegenwärtigen Sexuallebens von Singles und fest Liierten, nach Generation (in %)

	1942 (60-Jährige)		1957 (45-Jährige)		1972 (30-Jährige)	
	Single	feste Bez.	Single	feste Bez.	Single	feste Bez.
Partnersex (letzte 4 Wochen)						
keinen	84	25	66	14	58	8
oft[1]	4	50	9	62	9	65
Sexualpartner (letzte 12 Mon.)						
mehr als 1 Partner	14	5	29	10	54	7
Qualität des Sexuallebens						
sehr gut, gut	24	49	16	64	27	71
mangelhaft, ungenügend	33	8	33	7	34	5

Die Fallzahlen sind der Tabelle 1.8 zu entnehmen.
Alle Unterschiede zwischen Singles und fest Liierten sind mindestens: $p<.05$ (für alle Items und Generationen).

1 Einmal in der Woche oder häufiger.

---

3   Zur Definition vgl. S. 16.

Abb. 3.2: Durchschnittliche Masturbationshäufigkeit in den letzten vier Wochen für Singles und fest Liierte, nach Generation und Geschlecht (M)

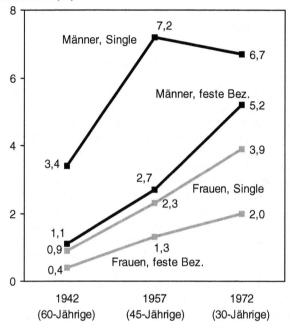

Die Fallzahlen sind der Tabelle 1.8 zu entnehmen.
Signifikanzen (Anova): $p<.000$ (Singles versus fest Liierte), $p<.000$ (Geschlecht), $p<.000$ (Generation), Interaktionen ns.

Gibt es den hedonistischen Single gar nicht? Doch, vereinzelt. Wenn wir als hedonistisch einen Single bezeichnen, der im letzten Jahr 5 und mehr Sexualpartner bzw. –partnerinnen hatte und mindestens einen Geschlechtsverkehr in den letzten vier Wochen, dann gehören 4% aller Singles dieser Kategorie an. Sie finden sich fast alle bei den 30-Jährigen, und zwar bei Männern und Frauen gleich häufig (8 bis 9% dieser Altersgruppe).

Ein Sexualleben jenseits der festen Beziehung ist offenbar für die meisten Männer und Frauen nur schwer zu arrangieren.[4] In der Tat ist die wichtigste Determinante der sexuellen Aktivität der Partnerstatus, einflussreicher als Alter, Familienstand, Geschlecht, soziale Schicht und Religionszugehörig-

---

4   Eine relative Ausnahme bilden die männlichen Homosexuellen: Bei ihnen kommen „nur" 80% aller Sexualakte in festen Beziehungen vor (gegenüber 95% bei den Heterosexuellen).

keit. Anders ausgedrückt: 60-jährige Frauen, die Jahrzehnte lang verheiratet sind, haben häufiger Geschlechtsverkehr als 30-jährige Single-Männer.

Leben mit Partnern

Was wird aus nichtkonventionellen Beziehungen?

Wir haben oben beschrieben, dass die Eheneigung abnimmt und die Tendenz, in nichtkonventionellen Beziehungen zu leben, zunimmt – vor allem bei den Jüngeren und bei den Hamburgern. Die Beziehungstypen „getrennt Zusammenleben" und „unverheiratet Zusammenwohnen" können Vorformen, Übergangsformen oder Alternativen zur Ehe sein, denn jedes Ehepaar ist einmal „miteinander gegangen", und manche haben schon vor der Ehe zusammen gewohnt. Andererseits führen die nichtehelichen Beziehungsformen keineswegs immer zur Ehe. Wie oft werden aus nichtkonventionellen Beziehungen Ehen und welche Perspektiven wünschen sich Männer und Frauen für ihre nichtkonventionelle Beziehung? Übergangswahrscheinlichkeiten und Übergangswünsche sollen nun betrachtet werden.

Übergangswahrscheinlichkeiten. Wir haben untersucht, wie viele Beziehungen vom Typ „getrennt Zusammenleben" zu Ehen werden. Um die Generationen besser vergleichen zu können, haben wir dabei nur solche Beziehungen berücksichtigt, die im Alter von 25 Jahren oder früher bzw. 40 Jahren und früher begonnen wurden (Abbildung 3.3). Die Wahrscheinlichkeit, dass das „Living apart together" zur Ehe führt, ist in den jüngeren Generationen stark gesunken. Auch der Übergang vom „unverheiratet Zusammenwohnen" zur Ehe ist deutlich seltener geworden. Paare, die „unverheiratet Zusammenwohnen", bleiben heute oft in diesem Status oder trennen sich in diesem Stadium. Bei den 60-Jährigen fiel das Zusammenziehen in der Regel (80%) mit der Eheschließung zusammen; bei den 30-Jährigen ist das nur noch bei einer Minderheit der Fall (23%), die meisten sind schon vor der Heirat zusammengezogen (77%).

Die Abfolge vom „getrennt Zusammensein" über das „unverheiratet Zusammenwohnen" hin zur Ehe wird immer seltener und ist im jungen Erwachsenenalter untypisch geworden. Zusammenwohnen und Heiraten fallen zunehmend auseinander, und immer häufiger wird die Lebensform „unverheiratet Zusammenwohnen" eine Alternative zur Ehe.

Übergangswünsche und Übergangsgründe. Statistisch gesehen werden die drei Beziehungsformen also unabhängiger voneinander. Sind die nichtkonventionellen Beziehungen damit zu eigenständigen Partnerschaftsformen geworden? Diese Frage kann man beantworten, wenn man die Wünsche und Perspektiven der Männer und Frauen untersucht, die gegenwärtig in nichtkonventionellen Beziehungen leben (Tabelle 3.3).

Abb. 3.3: Wie oft werden aus nichtkonventionellen Beziehungen Ehen? (in %)

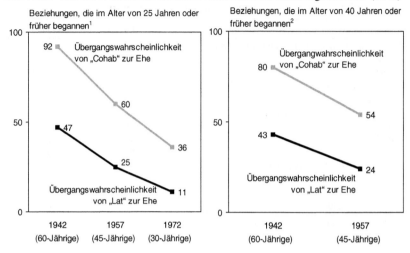

Signifikanz der Generationsunterschiede für alle Übergangswahrscheinlichkeiten: p<.000.
1 Die Berechnungen beruhen auf 673 Beziehungen (Übergang „Cohab" zur Ehe) bzw. auf 1754 Beziehungen (Übergang „Lat" zur Ehe).
2 Die Berechnungen beruhen auf 745 Beziehungen (Übergang „Cohab" zur Ehe) bzw. auf 1467 Beziehungen (Übergang „Lat" zur Ehe).

Betrachten wir zunächst die *„getrennt Zusammenlebenden"*. Nur ein knappes Fünftel von ihnen will *nicht* zusammenziehen; die meisten wollen dies früher oder später oder schließen es zumindest nicht aus. Der Kinderwunsch und vor allem der Heiratswunsch sind weniger dezidiert, so dass zumindest etliche ein „Cohabiting" – mit und ohne Kindern – als Ziel haben. Diese Daten stellen lediglich eine Momentaufnahme von Intentionen dar, über die tatsächlichen Entwicklungen lassen sich keine Voraussagen machen. Aber so viel wird deutlich: Das „Living apart together" können sich nur wenige als dauerhafte Alternative zu den anderen Beziehungsformen und damit als eine dauerhafte eigenständige Beziehungsart vorstellen. „Getrennt Zusammenleben" ist für die meisten eine Entscheidungs- oder „Findungsphase", wie ein 30-jähriger Befragter es nannte, oder ein Übergang, der aufgrund äußerer Umstände (beruflicher oder geographischer) fortdauert. Bei den Jüngeren ist diese Tendenz übrigens noch stärker als bei (den insgesamt wenigen) 60-Jährigen, die am Status des getrennt Zusammenlebens relativ lange festhalten und oft nichts daran ändern wollen.

Tab. 3.3: Übergangswünsche und Perspektiven in nichtkonventionellen Beziehungsformen, gegenwärtige Beziehung (in %)

	„Lat"	„Cohab"
Wollen Sie einmal mit (...)[1] zusammenziehen?		
nein	17	
unsicher	23	entfällt
ja, am liebsten sofort	41	
ja, später	19	
Wünschen Sie sich, (...) einmal zu heiraten?		
nein	52	32
unsicher	18	17
ja	30	51
Wünschen Sie sich, einmal Kinder mit (...) zu haben?		
nein	42	20
unsicher	16	7
ja (oder hat schon Kinder)	42	74

Die Fallzahlen sind der Tabelle 1.8 zu entnehmen.
1 (...) ist der gegenwärtige Partner/ die gegenwärtige Partnerin.

Die Antworten auf die offene Frage „Welche Gründe gibt es dafür, dass Sie mit Ihrem Partner/Ihrer Partnerin nicht zusammen wohnen?" bestätigen dieses Ergebnis[5]: Gut 80% verweisen auf äußere Umstände (geographische oder berufliche Gründe, Probleme eine Wohnung zu finden, familiäre Gründe[6]), auf die kurze Dauer der Beziehung oder auf Zweifel an der Beziehung. Weniger als ein Fünftel führt strukturelle Vorteile des „Living apart together" an, also eine Überlegenheit dieser Beziehungsform gegenüber anderen, und machen Aussagen wie diese:

„Ich liebe meine Freiheit!" (60-jähriger Mann, seit 10 Jahren in einer Lat-Beziehung)

„Der Freiheit wegen, eigener Freiraum." (60-jährige Frau, seit 5 Jahren in einer Lat-Beziehung)

„Wir versuchen über Nähe-Distanz-Abgrenzung bewusst eine Spannung zu erhalten. Ich bin es gewohnt, Freiraum zu haben. Mit 45 hat man auch seine Macken, Gewohnheiten, die ich austoben kann, und die ich im Zusammenleben wegschleifen muss, damit die Beziehung nicht gefährdet wird." (45-jähriger Mann, seit wenigen Monaten in einer Lat-Beziehung)

„Autarkie!" (45-jährige Frau, seit 8 Jahren in einer Lat-Beziehung)

„Drang nach eigenem Bereich, nach Freiheit, Alleinseinwollen, Ungestörtsein" (30-jähriger Mann, seit 1 Jahr in einer Lat-Beziehung)

---

5 Ausgewertet wurden 122 Antworten von Befragten aller Geburtsjahrgänge, die gegenwärtig getrennt zusammenleben.
6 Diese finden sich besonders häufig bei den 45-Jährigen, bei denen ein Partner oder beide mit Kindern aus früheren Beziehungen zusammen leben.

„Wir haben drei Mal versucht, zusammen zu ziehen. Es hat nicht funktioniert wegen größerem Bedarf an persönlichen Freiräumen bei beiden. Und jetzt habe ich auch nicht mehr den Wunsch danach" (30-jährige Frau, seit 6 Jahren in einer Lat-Beziehung)

Von den „*unverheiratet Zusammenwohnenden*" wollen immerhin ein Drittel so weiterleben, die Hälfte will einmal heiraten, noch mehr wollen Kinder oder haben bereits welche. Damit ist das „Cohabiting" beides: Übergangsform zur Ehe und (seltener) eigenständige Alternative zur Ehe, und zwar sowohl mit Kindern als auch ohne Kinder.

Die Passage vom „Living apart together" zum Zusammenwohnen ist heute auf eklatante Weise unspektakulär, pragmatisch und ohne große symbolische Bedeutung. Aus den Antworten der 30-Jährigen auf die freie Frage „Welche Gründe gab es dafür, dass Sie mit Ihrem Partner/ihrer Partnerin zusammengezogen sind?" lässt sich als häufigster „Idealtyp" folgende Aussage destillieren[7]: „Wir mögen/lieben uns, da kann man doch zusammenziehen, das ist praktischer/billiger/einfacher/komfortabler (größere Wohung) oder sonst wie vorteilhaft (wegziehen von den Eltern)". Viele fügen noch hinzu: „Wir sahen uns sowieso sehr oft". Beispiele für diesen Typ sind folgende Antworten:

„Weil wir uns ziemlich doll mochten und uns die zweite Miete sparen wollten. Wir haben ohnehin schon halb zusammengewohnt." (30-jährige Frau, seit 6 Jahren in fester Beziehung, vor 3 Jahren zusammengezogen)

„Ich wollte mich mal wieder vergrößern und weil wir uns natürlich mögen. Und weil er jetzt hier Arbeit hat, können wir uns eine größere Wohnung nehmen." (30-jährige Frau, seit 2 Jahren in fester Beziehung, vor 1 Jahr zusammengezogen)

„Das hat sich so ergeben. Wir haben jeder in einer WG gelebt. Ihre WG hat sich aufgelöst. Da war es nur logisch, dass wir zusammen ziehen." (30-jähriger Mann, seit 5 Jahren in fester Beziehung, vor 4 Jahren zusammengezogen)

„Weil wir sowieso ständig zusammen waren. Zwei Wohnungen waren schließlich überflüssig, weil meine Freundin sowieso immer bei mir gewesen ist." (30-jähriger Mann, seit 3 Jahren in fester Beziehung, vor 2 Jahren zusammengezogen)

„Liebe, Kosten sparen, ich war sowieso die meiste Zeit bei ihm." (30-jährige Frau, seit 8 Jahren in fester Beziehung, vor 5 Jahren zusammengezogen)

„Irgendwie hat es sich so ergeben, wir sind immer bei ihm gewesen und ich habe immer mehr Sachen mitgenommen und irgendwann bin ich dann ganz eingezogen, es war nicht richtig geplant." (30-jährige Frau, seit 10 Jahren in fester Beziehung, vor 9 Jahren zusammengezogen)

Kennzeichnend für diese Befragten ist, dass sie offenbar ohne Interpunktion in die neue Beziehungsform wechseln, ohne besondere Wünsche oder Intentionen für ihre Beziehung damit zu artikulieren. Das ist bei dem zweiten, selteneren Typ anders. Sie verbinden Hoffnungen mit der Passage zum „Cohabiting", oft bescheidene wie „mehr Zeit füreinander", manchmal komplexere wie „mehr Sicherheit", „Vertiefung der Beziehung" oder „Bewältigung

---

7 Ausgewertet wurden 129 Antworten von 30-Jährigen, die gegenwärtig mit ihrem festen Partner/ihrer festen Partnerin zusammenwohnen (verheiratet oder unverheiratet).

des Alltags". Auch bei ihnen gibt es oft einen äußeren, pragmatischen Anlass für den Wechsel. Hier sind einige Beispiele:

„Dass man sich endlich immer hat und den Alltag zusammen meistern kann. Teamgefühl, Zusammengehörigkeit. Hauptsächlich, dass man sich jeden Tag sieht." (30-jähriger Mann, seit 6 Jahren in fester Beziehung, vor 4 Jahren zusammengezogen)

„Zum einen die Entscheidung, das ist die Beziehung, die es sein soll. Zum anderen, weil sie sowieso eine neue Wohnung beziehen musste. Allen voran der Wunsch, noch mehr zusammen zu sein." (30-jähriger Mann, seit 4 Jahren in fester Beziehung, vor 3 Jahren zusammengezogen)

„Meine Ausbildung in Kiel war zu Ende. Er wohnte in Hamburg. Wir wollten nicht mehr pendeln. Ich bin zu ihm gezogen. Wir wollten zusammen leben und es war ein günstiger Zeitpunkt." (30-jährige Frau, seit 6 Jahren in fester Beziehung, vor einigen Monaten zusammengezogen)

„Weil wir uns einfach gut verstanden haben, um die Beziehung dann weiter zu vertiefen, sind wir zusammen gezogen." (30-jähriger Mann, seit 5 Jahren in fester Beziehung, vor 3 Jahren zusammengezogen)

„Weil ich unbedingt mit ihr zusammenleben wollte. Eine zweijährige Wochenendbeziehung zeigte, dass wir uns lieben und gerne den Rest des Lebens zusammen verbringen würden." (30-jährige Frau, seit 3 Jahren in fester Beziehung, vor 2 Jahren zusammengezogen)

Diese beiden Antwortmuster machen knapp 80% aller Antworten der 30-Jährigen aus. Nur eine kleine Minderheit von weniger als 5% gab Heirat oder Familiengründung als Anlass für das Zusammenziehen an.

Drei Beziehungsformen im Vergleich

Wie unterscheiden sich die drei Beziehungsformen „Living apart together", „Cohabiting" und Ehe? Gravierend im Hinblick auf formale Aspekte (Tabelle 3.4 und 3.5): Verheiratete sind am längsten, getrennt Zusammenlebende am kürzesten zusammen. Die Kontaktdichte am Tage und des Nachts ist bei letzteren viel geringer als bei den Zusammenwohnenden, ob sie nun verheiratet sind oder nicht. Interessanter als diese eher trivialen Befunde sind aber zwei andere Beobachtungen:

– Etwa jedes fünfte Lat-Paar sieht sich (fast) jeden Tag, die Partner wohnen quasi zusammen, sie sind „cohabiting" mit zwei Wohnsitzen.
– Lat-Beziehungen 60-jähriger Männer und Frauen unterscheiden sich deutlich von denen jüngerer: Sie sind sehr viel länger und haben zugleich eine geringere Kontaktdichte.

Tab. 3.4: Dauer der gegenwärtigen Beziehung, nach Beziehungsform und Generation (M, in Jahren)

Beziehungsform	1942 (60-Jährige)	1957 (45-Jährige)	1972 (30-Jährige)
„Lat"	11.5	3.8	2.4
„Cohab"	14.8	9.4	4.8
Ehe	32.8	20.3	7.6

Die Fallzahlen sind der Tabelle 1.8 zu entnehmen.
Signifikanz (Anova): Beziehungsform $p<.000$, Alter $p<.000$, Interaktion $p<.000$.

Tab. 3.5: Kontaktdichte in der gegenwärtigen Beziehung, nach Beziehungsform und Generation

	1942 (60-Jährige)	1957 (45-Jährige)	1972 (30-Jährige)
Anzahl der Tage pro Woche, an denen sich das Paar sieht [1](M)			
„Lat"	2.4	3.7	3.7
„Cohab"	6.4	7.0	6.6
Ehe	6.8	6.6	6.5
Übernachten fast jede Nacht zusammen [2](%)			
„Lat"	6	13	20
„Cohab"	88	93	86
Ehe	91	82	83

Die Fallzahlen sind der Tabelle 1.8 zu entnehmen.
1 Signifikanz (Anova): Beziehungsform $p<.000$, Alter $p<.02$, Interaktion $p<.000$.
2 Signifikanz: Beziehungsform $p<.000$ (für alle drei Generationen).

In allen Altersgruppen haben Männer und Frauen, die in nichtkonventionellen Beziehungen leben, durchschnittlich höhere Koitusfrequenzen als verheiratete (Tabelle 3.6).[8] Es wäre aber voreilig, diese Unterschiede der Beziehungsform zuzuschreiben. Da nichtkonventionelle Beziehungen kürzer sind als eheliche (Tabelle 3.4) und die Sexualfrequenz mit der Beziehungsdauer abnimmt (vgl. S. 121ff.), muss man fragen, ob die Häufigkeitsunterschiede zwischen den Beziehungsformen lediglich deren unterschiedliche Beziehungslänge widerspiegeln. Das ist tatsächlich der Fall. Kontrolliert man beim Vergleich der Beziehungsformen deren Dauer, dann unterscheiden sich „apart" zusammenlebende, zusammenwohnende und verheiratete Partner-

---

8 Zur Definition der sexuellen Aktivität vgl. S. 16. Die im folgenden vorgestellten Daten (Tabellen 3.6 und 3.7) haben wir an anderer Stelle nur für *heterosexuelle* Beziehungen dargestellt (Schmidt u.a. 2004). Hier werden auch die Angaben derjenigen Männer und Frauen berücksichtigt, die gegenwärtig in einer *gleichgeschlechtlichen* Beziehung leben. Da dies nur 4% (23 von 596) der Befragten sind, ergeben sich nur geringe Unterschiede gegenüber der früheren Publikation.

schaften nicht signifikant im Hinblick auf die sexuelle Aktivität (Tabelle 3.7). Das heißt, dass die Form der Beziehung keinen Einfluss auf die sexuelle Aktivität hat. Gleichwohl ist die sexuelle Situation in den Lat-Beziehungen eine besondere: Da Lat-Partner sich seltener sehen als die verheiratet oder unverheiratet Zusammenwohnenden, nämlich im Durchschnitt nur jeden zweiten Tag, ist die Sexualität in ihren Beziehungen präsenter. Betrachtet man (um den Faktor „Beziehungsdauer" zu kontrollieren) nur diejenigen Befragten, die weniger als 5 Jahre zusammen sind, dann zeigt sich, dass

- verheiratete und unverheiratet zusammenwohnende Paare an 1 von 3 Tagen, an denen sie sich sehen, Sex miteinander haben,
- wohingegen Lat-Paare an 3 von 4 Tagen, an denen sie sich sehen, miteinander schlafen.[9]

Das heißt: Wenn Paare zusammenziehen, haben sie eine „Anpassungsleistung" zu vollbringen: Nämlich mehr gemeinsame Tage oder Nächte ohne Sex zu verbringen und diese anders zu füllen.

Tab. 3.6: Koitusfrequenz in den letzten vier Wochen, nach Generation und Beziehungsform (M)

	1942 (60-Jährige)	1957 (45-Jährige)	1972 (30-Jährige)
Beziehungsform			
„Lat"	4.6	8.4	7.6
„Cohab"	5.9	6.3	8.0
Ehe	3.6	4.8	6.0

Die Fallzahlen sind der Tabelle 1.8 zu entnehmen.
Signifikanz (Anova): Alter $p<.002$, Beziehungsform $p<.001$, Interaktion ns.

Tab. 3.7: Koitusfrequenz in den letzten vier Wochen, nach Beziehungsform und Beziehungsdauer (M)[1]

	„Lat"	„Cohab"	Ehe
Dauer der Beziehung			
0-5 Jahre	8.5	9.3	7.9
6-10 Jahre	4.5	5.4	5.4
11-30 Jahre	4.0	4.4	4.6

Signifikanz (Anova): Beziehungsform ns, Dauer $p<.000$, Interaktion ns.
1 Ohne Beziehungen die 31 Jahre oder länger dauern, da hier die Beziehungsformen „Lat" und „Cohab" sehr selten sind. Die Fallzahlen in den Zellen variieren zwischen n=10 (Lat, 11-30 Jahre) und n=178 (Ehe, 11-30 Jahre).

Unterscheiden sich verheiratete, zusammenwohnende oder getrennt wohnende Paare in ihrer Beziehungszufriedenheit? Offenbar nicht. Tabelle 3.8 stellt

---

9 Nur Lat-Paare, die sich nicht täglich sehen

unterschiedliche Kriterien für die Zufriedenheit mit der Partnerschaft zusammen. Danach fühlen sich, unabhängig von der Beziehungsform, zwei Drittel in ihrer Partnerschaft sehr wohl, jeweils 80-90% sind mit der Beziehung heute genauso zufrieden wie oder zufriedener als zu Beginn, ebenso viele würden sich heute noch einmal für ihren Partner oder ihre Partnerin entscheiden. Bildet man nach diesen drei Kriterien Gruppen „sehr hoher" bzw. „sehr niedriger" Beziehungszufriedenheit, so unterscheiden sich die drei Beziehungsformen wieder nur sehr geringfügig.

Insgesamt lässt sich sagen, dass sich die drei Beziehungsformen wohl nach formalen Aspekten, aber kaum nach sexuellen oder emotionalen Aspekten differenzieren lassen. Beziehungen mit einem geringen Formalisierungsgrad wie das „Living apart together" werden nicht als weniger intensiv oder bedeutsam erlebt als Ehen.

Tab. 3.8: Parameter der Zufriedenheit mit der gegenwärtigen Beziehung, nach Beziehungsform

	„Lat"	„Cohab"	Ehe	Sign.(p)
Fühlt sich zurzeit in der Beziehung „sehr wohl"	66	65	69	ns
Ist gegenwärtig ebenso zufrieden oder zufriedener als am Beginn der Beziehung	83	87	88	ns
Würde sich heute noch einmal für den gegenwärtigen Partner entscheiden	88	87	89	ns
Beziehungszufriedenheit „sehr hoch" [1]	60	64	63	ns
Beziehungszufriedenheit „sehr niedrig" [2]	12	9	6	.07

Die Fallzahlen sind der Tabelle 1.8 zu entnehmen.
1 Drei Bedingungen mussten erfüllt sein: (1) Fühlt sich zur Zeit „sehr wohl" in der Beziehung; (2) ist in der Beziehung heute „ebenso zufrieden" oder „zufriedener" als am Anfang der Beziehung; (3) würde sich heute noch einmal für den gleichen Partner entscheiden.
2 Drei Bedingungen mussten erfüllt sein: (1) Fühlt sich zur Zeit „einigermaßen wohl" oder „unwohl" in der Beziehung; (2) ist in der Beziehung heute „unzufriedener" als am Anfang der Beziehung; (3) würde sich heute nicht noch einmal für den gleichen Partner entscheiden oder ist sich „unsicher", ob er/sie das tun würde.

Was hält Beziehungen zusammen?

Die Beziehungsqualität ist heute eine besonders wichtige Voraussetzung für die Dauer einer Partnerschaft. Wie zufrieden sind Männer und Frauen mit ihrer gegenwärtigen festen Beziehung? Wir definieren eine „sehr hohe" Beziehungszufriedenheit sehr streng. Drei Bedingungen müssen erfüllt sein:

- Die Befragten fühlen sich zur Zeit „sehr wohl" mit ihrem Partner/ihrer Partnerin;
- Sie sind in der Beziehung ebenso zufrieden oder zufriedener als am Anfang der Partnerschaft;
- Sie beantworten die Frage, ob sie sich für ihren Partner heute noch einmal entscheiden würden, uneingeschränkt mit „ja".

Nach dieser Definition sind etwa drei Fünftel der Befragten mit ihrer gegenwärtigen Beziehung sehr zufrieden (Abbildung 3.4). Das sind bei der Strenge des Kriteriums bemerkenswert viele und zeigt, dass Partnerschaften in der Regel als intakt und produktiv erlebt werden. Die Unterschiede zwischen Männern und Frauen sowie Hamburgern und Leipzigern sind gering, die Zufriedenheit der 45-Jährigen ist etwas geringer als die der Älteren und Jüngeren. Offenbar sind Zweifel an der Beziehung im mittleren Erwachsenenalter besonders häufig und es stehen Klärungsprozesse an, die die Älteren schon hinter sich, die Jüngeren noch vor sich haben.

Abb. 3.4: Zufriedenheit mit der gegenwärtigen Beziehung nach Generation (in %)

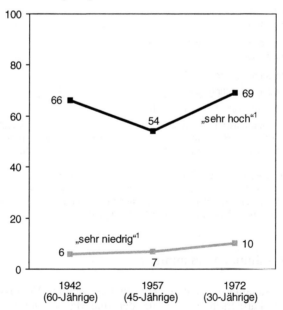

Die Fallzahlen sind der Tabelle 1.8 zu entnehmen.
Signifikanz der Generationsunterschiede: p<.005 („sehr hoch"), ns („sehr niedrig").
1 Definition siehe Text.

Etwas weniger als 10% berichten über eine „sehr geringe" Zufriedenheit (Abbildung 3.4). Sie fühlen sich „einigermaßen wohl" oder „unwohl" in der Partnerschaft, sind heute „unzufriedener" mit der Partnerschaft als zu Beginn der Beziehung und würden den Partner nicht noch einmal wählen oder sind unsicher, ob sie das tun würden. Die Älteren unter ihnen haben sich oft resignativ mit dieser Situation abgefunden, die Jüngeren werden sich, falls sich die Beziehung nicht ändert, eher trennen.

Was sind in den Augen der Interviewten die wichtigsten Stützen ihrer gegenwärtigen Beziehung? Wir fragten: „Was glauben Sie, was hält Ihre feste Beziehung zusammen?" und klassifizierten die freien Antworten. *Liebe*, *Intimität* – also Vertrauen, Nähe, Geborgenheit – und *Austausch* – also ein lebendiges Miteinander – sehen Männer wie Frauen, Hamburger wie Leipziger gleichermaßen als die wichtigsten Stützen des Zusammenhalts (Abbildung 3.5, linke Seite)[10], also Faktoren, die Giddens (1993) als konstituierend für moderne Beziehungen beschreibt. Es folgen mit Abstand *Rückhalt* und das Gefühl, füreinander da zu sein sowie *Familie und Kinder*. Eine geringe Bedeutung wird Sexualität[11] zugeschrieben *sowie externen Ankern* – also gemeinsamer Glaube, gemeinsame ökonomische Basis usw. – die früher eine große Rolle für den Zusammenhalt spielten. Dass vor allem *Gewohnheit* sie zusammenhält, wagen ebenfalls nur wenige zu sagen. Insgesamt ist die von Giddens beschriebene „reine Beziehung", die auf Intimität und emotionaler Lebendigkeit basiert, das hervorstechende Beziehungskonzept der Befragten, übrigens unabhängig davon, in welcher Beziehungsform sie leben.

Dieses Bild differenziert sich allerdings, wenn wir Lebensalter und Dauer der Beziehung in Rechnung stellen. Abbildung 3.5 (rechte Seite) veranschaulicht dies pars pro toto an zwei Extremgruppen: Ältere Paare, die sehr lange zusammen sind und jüngere Paare, die erst seit kurzem zusammen sind. In beiden Gruppen dominiert zwar die Trias „*Liebe, Intimität, Austausch,*" aber in unterschiedlicher Akzentuierung: *Liebe* und *Austausch* – übrigens auch *Sexualität* – sind vor allem Domänen junger Paare, „alte" Paare kompensieren dies mit der Entwicklung einer *gemeinsamen Geschichte* und der Sicherheit durch *Gewohnheit*. Wird die Liebe weniger im Verlauf der Beziehung und des Lebens? Vermutlich wird sie nur anders, nicht mehr so aktiv spürbar wie in der Verliebtheit, sie wird stiller, von einem „State", einer ak-

---

10 Man muss bei den in Abbildung 3.5 präsentierten Prozentwerten berücksichtigen, dass es sich um spontane Nennungen handelt. Legt man den Befragten eine Liste mit den hier verwendeten (und anderen) Kategorien vor und lässt sie daraus die drei wichtigsten auswählen, dann entscheiden sich (zum Beispiel) für „Liebe" 63% und für Sexualität 24%. An der Rangfolge der Kategorien ändert sich allerdings wenig.
11 Die Frage nach dem Zusammenhalt wurde in einer frühen Phase des Interviews gestellt. Sexualität war bis dahin noch nicht thematisiert und es bedurfte eines gewissen Muts der Befragten, dieses Thema von sich aus anzusprechen. Auf die Bedeutung der Sexualität für die Beziehung gehen wir weiter unten genauer ein.

tuellen Befindlichkeit, zu einem „Trait", einem stabilen Zustand, der da ist, ohne dass man ihn so recht merkt. Und/oder: Junge Paare brauchen „Liebe" stärker zur Legitimation ihrer Beziehung als etablierte Paare, da sie die Legitimation der Dauer noch nicht haben (so wie sie auch den häufigen Sex stärker als Legitimation benötigen als etablierte Paare, die sich beruhigt mit weniger Sex beglücken oder behelligen müssen, vgl. S. 125).

Abb. 3.5: Was hält Beziehungen zusammen? (in %)[1]

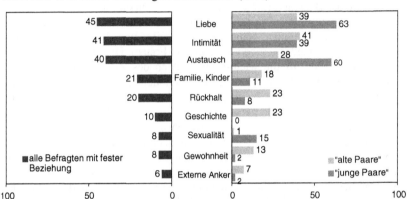

Definition und Fallzahlen: „Junge" Paare: 30 Jahre alt, 2 Jahre und kürzer zusammen (n=62); „alte" Paare: 60 Jahre alt, 30 Jahre und länger zusammen (n=124).
Signifikanz des Unterschieds zwischen „jungen" und „alten" und Paaren: p< .01 für Liebe, Austausch, Rückhalt, gemeinsame Geschichte, Sexualität, Gewohnheit; ns Intimität, Familie/ Kinder, Externe Anker.

1 Klassifizierung der Antworten auf die offene Frage: „Was glauben Sie, was hält Ihre Beziehung zusammen?"
Erläuterung der Kategorien:
Liebe: Liebe, Verliebtsein werden ausdrücklich genannt.
Intimität: Vertrauen, Nähe, Geborgenheit, Verständnis, Zusammengehörigkeitsgefühl, sich öffnen, Zuneigung.
Austausch: gemeinsame politische und kulturelle Interessen, Hobbys, Unternehmungen, Urlaub, Spaß, Freundschaft.
Familie/ Kinder: Wunsch, eine Familie zu gründen, Heiratsabsicht, Kinder, Partner fürs Leben.
Rückhalt: Unterstützung, Sicherheit, Verlässlichkeit, sichere Basis, füreinander Dasein, ein gutes Team sein.
Gemeinsame Geschichte: (gemeinsame Geschichte wird ausdrücklich genannt) langes Zusammenleben und Kennen, Beziehungsarbeit, viele gemeinsame Erlebnisse.
Sexualität/ Erotik: befriedigende, aufregende Sexualität, erotische Anziehung, körperliche Attraktivität.
Gewohnheit: Gewohnheit, aneinander gewöhnt sein, Trott, Routine, Bequemlichkeit.
„Externe Anker": Glaube, Lebensbewältigung, gemeinsame materielle Basis, gemeinsame Arbeit, Schicksalsschläge.

Die Antworten der Befragten auf unsere Frage „Was hält Ihre Beziehung zusammen?" waren oft viel plastischer, als es die Kategorien der Auswertung vermitteln können. Von großen Gefühlen, tiefer Bindung, Freude am gemeinsamen Alltag ist vor allem die Rede, andere betonen pragmatisch den Nutzen des Zusammenlebens, wenige beschreiben resignativ den Verlust des affektionalen Zusammenhalts. Einige Beispiele sollen dies verdeutlichen:

(1) „Ich liebe meinen Mann." (Hamburgerin, 60 Jahre, seit 38 Jahren in fester Beziehung)

(2) „Liebe. Perfekte Frau, perfekter Mann, passt halt." (Hamburger, 30 Jahre, seit 1 Jahr in fester Beziehung)

(3) „... dass wir beide ein wenig verrückt sind. Sehnsucht nach Bewegung und Freiheit, Phantasie und Erotik." (Hamburger, 60 Jahre, seit 3 Jahren in fester Beziehung)

(4) „Wir haben uns lieb. Wir machen uns gegenseitig lebendig und glücklich." (Leipzigerin, 60 Jahre, seit 17 Jahren in fester Beziehung)

(5) „Es ist die Freude, abends nach Hause zu kommen und da ist jemand. Die absolute Zweisamkeit, gewisse Rituale, auf die wir uns freuen." (Hamburger, 60 Jahre, seit 29 Jahren in fester Beziehung)

(6) „Ich glaube, dass wir uns gegenseitig eine Menge geben. Die Beziehung ist Lebenslust steigernd. Die Bestätigung durch den Partner, wenn man noch unsicher ist, ist wichtig. Gemeinsamer Spaß, körperliche Befriedigung und langsam auch ein Gefühl der Nähe, das ich nicht missen möchte." (Hamburgerin, 30 Jahre, seit einigen Monaten in fester Beziehung)

(7) „Liebe und alles, was sich daraus ergibt. Dass jemand da ist für einen und dass man für jemanden da sein kann, dass man jemanden hat, dass man sich gut versteht, dass man sich ähnlich ist, aber sich auch gut ergänzt. Sich attraktiv finden, körperlich und intellektuell. Ausdruck der Liebe sind auch die Kinder. Das hält auch zusammen. Klassisches Familienglück." (Hamburgerin, 30 Jahre, seit 5 Jahren in fester Beziehung)

(8) „Das Bewusstsein, dass Kontinuität wichtig ist. Verlässlichkeit, zu wissen, das bleibt so und das ist schön. Das stressfreie, gleich bleibende Leben in der Beziehung." (Hamburger, 60 Jahre, seit 37 Jahren in fester Beziehung)

(9) „Wir sind ja nun sehr lange zusammen. Es war kompliziert am Anfang. Dieser Wachstumsprozess bis zum heutigen Tag hält uns zusammen, diese Vertrautheit. Die Liebe natürlich auch. Das ist halt gewachsen. Gemeinsame Interessen noch. Wir ergänzen uns gut." (Hamburger, 30 Jahre, seit 8 Jahren in fester Beziehung)

(10) „...dass wir immer mehr zusammenwachsen. Erst war es Liebe und Sex. Jetzt ist es wichtiger, dass man sich aufeinander verlassen kann. Und auch unser Kind." (Leipziger, 30 Jahre, seit 6 Jahren in fester Beziehung)

(11) „Sie macht, was ich gerne will. Sie geht mit zum Fußball und fliegt auch mal mit mir im Motorsegler oder Segelflugzeug, obwohl sie das nicht mag," (Hamburger, 60 Jahre, seit 27 Jahren in fester Beziehung)

(12) „Ich weiß nicht. Meine Frau fragt mich immer ‚Liebst du mich?' Ich weiß nicht. Für jeden bedeutet Liebe etwas anderes. Ich weiß, dass ich mit ihr zusammen sein will und dass wir füreinander da sind, der Mensch braucht Kontakt, das ist wichtig." (Hamburger, 45 Jahre, seit 10 Jahren in fester Beziehung)

(13) „Die große Liebe, würde ich sagen, ist schon vorbei. Gewohnheiten, wir haben zusammen was aufgebaut, und die alltäglichen Probleme halten uns zusammen." (Hamburger, 45 Jahre, seit 13 Jahren in fester Beziehung)

(14) „Gewohnheit. Liebe ist vorbei. Wir leben zusammen, wir wohnen zusammen, wir haben Kinder." (Hamburger, 60 Jahre, seit 27 Jahren in fester Beziehung)

(15) „Die Kinder und der Hund." (Leipziger, 45 Jahre, seit 19 Jahren in fester Beziehung)

Bedeutungen der Sexualität für die Beziehung

Welchen Stellenwert und welche Bedeutung hat die Sexualität in heutigen Beziehungen? Aus den protokollierten Antworten auf eine entsprechende freie Frage[12] (an die gegenwärtig fest Liierten) wurden – einem Ansatz Plummers (1995) folgend – die Geschichten destilliert, die die Befragten zu diesem Thema erzählten. Was den *Stellenwert* der Sexualität betrifft, ist eine *„Sex ist wichtig, aber nicht das Wichtigste"* – Geschichte von durchschlagender Dominanz, und zwar in allen Altersgruppen, bei Männern wie bei Frauen. Hier sind einige Antwortbeispiele:

„Ich denke, Sexualität ist wichtig, aber nicht der Hauptbestandteil. Es geht auch ohne." (Hamburgerin, 30 Jahre, seit 3 Jahren in fester Beziehung)

„Ist halt die liebste Nebenerscheinung. Schön, obwohl nicht die Hauptsache." (Leipzigerin, 30 Jahre, seit wenigen Monaten in fester Beziehung)

„Wäre die Sexualität nicht vorhanden, würde mir was fehlen. Aber sie spielt nicht die Hauptrolle." (Leipziger, 45 Jahre, seit 24 Jahren in fester Beziehung)

„Das gehört dazu und ist wichtig, aber nicht so bedeutsam, dass andere Dinge unwichtig sind." (Hamburgerin, 45 Jahre, seit 1 Jahr in fester Beziehung)

„Nicht kriegsentscheidend, militärisch ausgedrückt, eine Begleiterscheinung, eine angenehme." (Leipziger, 30 Jahre, seit 15 Jahren in fester Beziehung)

Fast beschwörend wird diese *„wichtig, aber nicht das Wichtigste"* – Geschichte präsentiert, so als müsse man sich vor der Zumutung schützen, dass die Beziehung vor allem am Grad der Leidenschaft gemessen werden könnte. Die 60-Jährigen – vor allem diejenigen in langen Beziehungen – fügen oft noch ausdrücklich hinzu, dass der Stellenwert der Sexualität im Verlauf der Beziehung geringer geworden ist oder dass sie sich davon verabschiedet ha-

---

12 Die Frage lautete „Welche Bedeutung hat die Sexualität für Ihre Beziehung, was für eine Rolle spielt sie?"

ben, und die meisten von ihnen sehen dies gelassen und haben sich damit versöhnt:

„Sex wird gepflegt, ist erfrischend, macht Spaß, ist noch nicht zu Ende, wenn auch nicht mehr so verrückt, wie man ganz jung war." (Hamburger, 60 Jahre, seit 43 Jahren in fester Beziehung)

„Keine große Rolle mehr, das hat sich verschoben. Früher war sie meinem Mann wichtig, dann mir, und heute sind wir auf einem Gleichstand." (Leipzigerin, 60 Jahre, seit 38 Jahren in fester Beziehung)

„Spielt keine große Rolle mehr, ist weniger geworden, aber das vermissen wir beide nicht, man kann ja auch so miteinander zusammen sein." (Hamburgerin, 60 Jahre, seit 42 Jahren in fester Beziehung)

„Sexualität ist vor 10 Jahren ausgelaufen und keiner hat sich beschwert. Wir haben das als gegeben hingenommen, es gibt keine Auseinandersetzung deswegen, ist für beide ok, denn unseren Spaß bei gemeinsamen Sachen haben wir noch." (Hamburger, 60 Jahre, seit 38 Jahren in fester Beziehung)

Einige Männer und Frauen aller Altersgruppen, vor allem aber die 60-Jährigen, betonen, dass dem Mann wohl mehr am Sex liege als der Frau. Auch hierfür einige Beispiele:

„Für mich spielt sie eine große Rolle, Ich denke mir, dass ich manchmal zu kurz komme, eigentlich durch Missstimmungen passiert es dann nicht, zum Beispiel, wenn der Sohn in London Zahnschmerzen hat." (Hamburger, 60 Jahre, seit 10 Jahren in fester Beziehung)

„Sie spielt eine wichtige Rolle, für ihn vielleicht etwas mehr als für mich. Ich brauche manchmal mehr Zeit als mir gelassen wird. Es ist nicht völlig konfliktfrei, es gibt aber auch keine massiven Probleme. Ich bin jemand, der scheinbar auf Männer attraktiv wirkt, durch meine weiblichen Rundungen. Und es war mir schon immer eher zuviel." (Hamburgerin, 30 Jahre, seit 4 Jahren in fester Beziehung)

„Für mich ist sie wichtig, für meine Frau ist sie immer unwichtig." (Leipziger, 60 Jahre, seit 25 Jahren in fester Beziehung)

„Als ich ihn kennengelernt habe spielte die Sexualität eine große Rolle. Er war der Mann, mit dem ich am besten Sex haben konnte, so richtig ideal. Sie ist lange gut gewesen. Dann hat es sich verändert, ich mochte plötzlich seine Zärtlichkeit nicht mehr, ich kam in die Menopause, mein Interesse nahm ab, ich hatte keine Lust mehr. Da hat er sicher drunter gelitten. Mein Partner hat sehr viel Bauch bekommen, das mag ich nicht. Die Sexualität ist heute für mich unwichtig geworden, und er leidet darunter, aber er macht auch keine Versuche mehr." (Hamburgerin, 60 Jahre, seit 23 Jahren in fester Beziehung)

Im Hinblick auf die *Bedeutungen,* die der Sexualität zugeschrieben werden, werden vor allem *Intimitätsgeschichten* erzählt (Tabelle 3.9), also in vielfältiger Weise beschrieben, dass mit Sexualität Nähe, Geborgenheit, Zuneigung, Vertrauen *ausgedrückt* oder *hergestellt* werden kann. „Das sich Nahesein", sagt eine 30-jährige Hamburgerin, „geht viel über die Sexualität und die körperliche Ebene, man kann das Gefühl des sich nahe Seins wieder finden und sich dafür öffnen." Damit ist Sexualität definiert als Medium, als Produkt und Produzent erlebter Intimität, des Kerns der reinen Beziehung. (Weitere Beispiele von Intimitätsgeschichten in Tabelle 3.10)

Tab. 3.9: „Welche Bedeutung hat die Sexualität für Ihre Beziehung?"[1]

	1942 (60-Jährige)	1957 (45-Jährige)	1972 (30-Jährige)
„Intimitätsgeschichten"	sehr häufig	sehr häufig	sehr häufig
„Sex gehört einfach dazu" Geschichten	häufig	häufig	häufig
„Lust- und Genussgeschichten"	häufig	häufig	häufig
„Ausgeglichenheit und Wohlbefinden" Geschichten	häufig	häufig	selten
„Triebgeschichten"	sehr selten	sehr selten	sehr selten

1 Auswertung der Antworten auf die freie Frage „Welche Bedeutung hat die Sexualität für Ihre Beziehung, was spielt sie für eine Rolle?" (Erläuterungen im Text).

Tab. 3.10: Die Bedeutung der Sexualität für die Beziehung: Beispiele für 5 Geschichtstypen[1]

„Intimitätsgeschichten"

„Ein Ausdruck von Geborgenheit, Befriedigung und Liebe." (Leipziger, 60 Jahre, seit 36 Jahren in fester Beziehung)

„(Sexualität zeigt) einfach das Zusammengehören, das Zusammengehörigkeitsgefühl, sich dem anderen Hinzugeben, ja, auch das Angenommensein, so akzeptiert zu werden, wie man ist, da gibt es keine Diskussionen." (Hamburgerin, 45 Jahre, seit 3 Jahren in fester Beziehung)

„Sexualität ist einfach ein wichtiger Bereich der Liebe, die ich zu meiner Frau empfinde." (Leipziger, 45 Jahre, seit 9 Jahren in fester Beziehung)

„Ausdruck von Liebe, Zuneigung, Leidenschaft, Zärtlichkeit, ein Wieder-Zueinanderfinden-Können, wenn man im Alltag nicht so viel Zeit füreinander hat, um sich wieder einzupolen." (Hamburger, 30 Jahre, seit 3 Jahren in fester Beziehung)

„Ich habe das Gefühl, da kann ich am besten meine Liebe ausdrücken, das ist eine Möglichkeit, zusammen zu finden, eine sehr einfache Möglichkeit. Für uns ist es eine sehr schöne Möglichkeit, dem anderen seine Liebe zu zeigen." (Hamburger, 30 Jahre, seit 1 Jahr in fester Beziehung)

„Sex gehört einfach dazu" Geschichten

„Würde sagen, ist wichtig, gehört zum Leben in der Partnerschaft einfach dazu, sonst wäre es keine Partnerschaft." (Leipziger, 60 Jahre, seit 31 Jahren in fester Beziehung)

„Sie gehört dazu, ich wüsste nicht, wie unsere Beziehung ohne Sexualität wäre, sie gehört zu unserem Zusammenleben dazu." (Hamburgerin, 60 Jahre, seit 40 Jahren in fester Beziehung)

„Ich denke, wenn das nicht läuft, ist die Beziehung tot. Ich habe viele männliche Freunde, insofern ist die Sexualität etwas herausragendes, was diese Beziehung unterscheidet." (Hamburgerin, 45 Jahre, seit 17 Jahren in fester Beziehung)

„Sie ist das Salz in der Suppe, gehört dazu." (Hamburger, 30 Jahre, seit 1 Jahr in fester Beziehung)

„Lust und Genuss" Geschichten

„Das ist ein Paradies, wie soll ich das beschreiben, ich mache das eben gerne." (Hamburger, 60 Jahre, seit 1 Jahr in fester Beziehung)

„In meiner frühen Beziehung mit meinem Mann hat sich 18 Jahre nichts abgespielt und jetzt habe ich diese Bekanntschaft gemacht und er ist völlig anders. Das genieße ich natürlich. Ich habe nie erlebt, dass ein Mann so zärtlich sein kann, das genieße ich sehr." (Hamburgerin, 60 Jahre, seit 2 Jahren in fester Beziehung)

„Den Alltag vergessen, bringt uns totale Entspannung." (Leipzigerin, 45 Jahre, seit 10 Jahren in fester Beziehung)

„Wichtig ist, dass es nach 12 Jahren noch Spaß macht und es schön ist, miteinander zu schlafen. Und dass von beiden Seiten noch Lust da ist, Lust auf den anderen." (Hamburgerin, 45 Jahre, seit 12 Jahren in fester Beziehung)

„Eine Sache, die Spaß macht, und man macht ja gerne Sachen, die Spaß machen." (Hamburgerin, 30 Jahre, seit 11 Jahren in fester Beziehung)

„Ausgeglichenheit und Wohlbefinden" Geschichten

„Sorgt für Ausgeglichenheit, Wohlbefinden, Stressabbau." (Leipziger, 60 Jahre, seit 25 Jahren in fester Beziehung)

„Sexualität ist ganz wichtig, um sich körperlich und seelisch ganz wohl zu fühlen." (Hamburger, 60 Jahre, seit 40 Jahren in fester Beziehung)

„Ich würde sagen, es ist so eine Energiequelle. Es ist häufig so, dass ich vorher nicht so viel Lust habe, mich etwas gedrängt fühle von meinem Mann, mich aber hinterher so ein bisschen wie neugeboren fühle. Da ich das weiß, lass ich mich dann auch drängen." (Hamburgerin, 45 Jahre, seit 18 Jahren in fester Beziehung)

„Danach hab ich gute Laune. Auswirkung auf den nächsten Tag: Hebt die Stimmung." (Leipzigerin, 45 Jahre, seit 20 Jahren in fester Beziehung)

„Triebgeschichten"

„Genauso, wie man etwas zu trinken braucht, braucht man Sex, das ist wichtig." (Hamburger, 45 Jahre, seit 10 Jahren in fester Beziehung)

„Wichtig zur Befriedigung körperlicher Bedürfnisse." (Leipzigerin, 30 Jahre, seit 12 Jahren in fester Beziehung)

1 Antworten auf die freie Frage „Welche Bedeutung hat die Sexualität für Ihre Beziehung, was spielt sie für eine Rolle?" (Erläuterungen im Text).

Häufig sind *„Sex gehört einfach dazu"- Geschichten* („Gehört zum Grundstock einer Beziehung, ohne Sex wäre es nur eine Freundschaft", 45-jähriger Leipziger, weitere Beispiele in Tabelle 3.10). Sex ist also ein Marker der Besonderheit von Liebesbeziehungen. Markiert ist diese Besonderheit offenbar auch schon dann, wenn man nur hin und wieder miteinander schläft. *„Lust und Spaßgeschichten"* („Ist total schön, Lust, Entspannung, Kribbeln, Genuss, was für die Sinne", 30-jähriger Leipziger, weitere Beispiele Tabelle 3.10) sind ebenfalls in allen Generationen häufig. Dass Sexualität das allgemeine *Wohlbefinden* befördert und für *Ausgeglichenheit* sorgt, betonen vor allem die Älteren (Beispiele Tabelle 3.10); den 30-Jährigen ist eine solche Sex-für-seelische-Gesundheit-Perspektive interessanterweise fern gerückt. *Triebgeschichten,* die die Abfuhr von Triebenergie und -spannungen thematisieren, sind allen Generationen gleichermaßen sehr fremd, Männern wie Frauen (Beispiele in Tabelle 3.10); in den Köpfen der meisten Menschen ist das „Dampfkesselmodell" offenbar überwunden.

Leben mit Kindern

Ein 60-jähriger Hamburger, langjährig verheiratet, drei erwachsene Kinder, bemerkte nach dem Interview: „Eigentlich bin ich enttäuscht. Sie haben sehr viel nach unserer Sexualität gefragt, aber nicht danach, welche Bedeutung die Kinder für unsere Ehe haben. Die waren für uns sehr wichtig." Dieser Befragte beschreibt recht genau einen Mangel unserer Interviews. Wir fragten nur nach der Anzahl und dem Alter der Kinder, nicht aber nach deren Bedeutung für die Beziehungsgeschichte. Lediglich dann, wenn die Befragten sich aus einer Beziehung mit Kindern getrennt hatten, erhoben wir die Umstände der Trennung und die Arrangements der Kinderbetreuung nach der Trennung. Dieses Kapitel kann daher nur wenige Aspekte der sozialen und partnerschaftlichen Organisation des Lebens mit Kindern untersuchen.

Aufschub der Elternschaft

Die Zeiten, in denen Kinder als logische Konsequenz der Sexualität eines Paares betrachtet werden konnten, sind fraglos Vergangenheit. Aus der Selbstverständlichkeit ist eine Option, aus dem unhinterfragten Ja zum Kind eine rationale Abwägung geworden. Heute ist die Entscheidung für oder gegen Kinder vor allem eins – eine komplexe und folgenreiche Entscheidung, die Männer wie Frauen vor Fragen der Vereinbarkeit von Familie und Beruf, Fragen des Timings und der Verantwortung für die Kinder, Fragen nach den ökonomischen und materiellen Belastungen sowie Fragen der partnerschaftlichen Aufgabenteilung stellt. Der Übergang von der selbstverständlichen zur reflexiven Elternschaft hat zwei demographisch relevante Folgen – die niedrigen Geburtenraten und den biographischen Aufschub der Geburt des ersten Kindes (vgl. Schneider 2002a/b). Die Tendenz zum Aufschub der Elternschaft zeigt sich auch in unseren Daten, wenn man den Anteil derjenigen, die bis zu einem bestimmte Alter Kinder bekommen haben, über die Generationen vergleicht.

Abb. 3.6: Anteil der Männer und Frauen mit eigenen Kindern bis zum Alter von 30 Jahren und bis zum Alter von 45 Jahren, nach Generation und Stadt (in %)

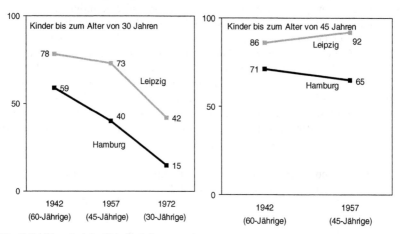

Die Fallzahlen sind der Tabelle 1.8 zu entnehmen.
Signifikanz der Generationsunterschiede: für beide Städte p<.000 (bis zum Alter von 30 Jahren), ns (bis zum Alter von 45 Jahren).
Signifikanz der Stadtunterschiede: für alle drei Generationen p<.005 (bis zum Alter von 30 Jahren), p<.01 (bis zum Alter von 45 Jahren).

Bis zum Alter von 30 Jahren (Abb. 3.6, linke Graphik) haben nur 15% der 1972 geborenen Hamburger eigene Kinder bekommen, vor drei Jahrzehnten waren es noch knapp 60%. In Leipzig zeigt sich die gleiche Tendenz, allerdings auf höherem Niveau – hier hat sich der Anteil derjenigen, die bis zum Alter von 30 Jahren schon Kinder hatten, in den letzten drei Jahrzehnten von knapp 80% auf etwas über 40% halbiert. Diese Daten zeigen eindrucksvoll, dass eine Entscheidung für eigene Kinder *vor* dem Alter von 30 Jahren inzwischen für Großstädter eine Minderheitenposition geworden ist.

Bis zum Alter von 45 Jahren (Abb. 3.6, rechte Graphik), ist der Anteil derjenigen Männer und Frauen mit Kindern deutlich gestiegen, es finden sich keine Generationsunterschiede zwischen den 1957 und 1942 Geborenen. Die Abbildung zeigt, dass die Geburt des ersten Kindes inzwischen häufig in die Lebensphase zwischen 30 und 45 Jahren verlegt wird. Der Anteil der dauerhaft Kinderlosen liegt im Generationenvergleich konstant bei etwa 20%, er ist in Hamburg jedoch deutlich höher als in Leipzig.

Der bislang niedrige Anteil von Eltern bei den 1972 Geborenen kann nicht als dauerhafte Ablehnung oder Verzicht auf Kinder interpretiert werden, denn relativ unterschiedslos wünschen sich etwa 70% der kinderlosen 30-Jährigen Kinder – das gilt für Männer wie für Frauen gleichermaßen und unabhängig davon, ob sie sich gegenwärtig in einer festen Beziehung befinden oder nicht (Tabelle 3.11). Der Kinderwunsch ist bei Frauen verschiedener Teilstichproben erstaunlich stabil, bei Männern wirken ein hoher Bildungsstand, eine gesicherte finanzielle Situation und eine möglichst stark institutionalisierte Beziehung begünstigend auf den Kinderwunsch; Religiosität hat in dieser Generation keinen Einfluss. Gleichwohl: Kontrastiert man die niedrige Geburtenrate bis zum Alter von 30 Jahren mit dem expliziten Kinderwunsch der 30-Jährigen, lässt sich prognostizieren, dass in der Lebensphase zwischen 30 und 45 Jahren noch viele den Übergang zur Elternschaft vollziehen werden, auch wenn einschränkend zu bedenken ist, dass sich mit dem biographischen Aufschub der Geburt des ersten Kindes die Wahrscheinlichkeit eines zweiten, dritten oder vierten Kindes stark verringert und der Anteil der *ungewollt kinderlosen* Frauen evt. leicht erhöht.

Tab. 3.11: Kinderwunsch im Alter von 30 Jahren. Welche Faktoren beeinflussen den Kinderwunsch? (in %)[1]

	1972 (30-Jährige)	
	Männer	Frauen
Kinderwunsch		
alle	69	74
Bildungsstand		
Abitur	75	76
ohne Abitur	58	69
	.08	ns
Beziehungsform		
Single	70	66
„Lat"	53	63
„Cohab"	72	89
Ehe	100	78
	.05	.06
Religiosität		
nicht religiös	71	70
religiös oder sehr religiös	62	81
	ns	ns
Finanzielle Situation		
überdurchschnittlich	81	82
durchschnittlich o. schlechter	64	72
	.01	ns

1 Nur Befragte, die noch keine Kinder haben.

Kinder treten heute später in die Biographien von Männern und Frauen, weshalb sich ein wichtiger Teil der Beziehungsbiographie inzwischen *vor* der Geburt des ersten Kindes ereignet. Während von den 1942 Geborenen noch knapp die Hälfte Kinder in der allerersten festen Beziehung bekam, hat sich dieses Muster schon in der nachfolgenden Generation stark verändert (Tabelle 3.12). Hier bekamen nur noch ein Fünftel Kinder in der ersten festen Beziehung, die meisten heute 45-Jährigen bekamen Kinder in ihrer dritten Beziehung oder noch später. Auch wenn man für die heute 30-Jährigen noch nicht vorhersagen kann, wie viele von ihnen einmal Kinder haben werden, soviel steht fest: Sie werden sie nicht in ihrer ersten festen Beziehung bekommen.

Tab. 3.12: Die Platzierung von Kindern in Beziehungsabfolge und Sexualbiographie, nach Generation (in %)

	1942 (60-Jährige)	1957 (45-Jährige)	1972 (30-Jährige)
Keine Kinder (zum Zeitpunkt der Untersuchung)	18	22	77
erstes Kind in der			
ersten festen Beziehung	46	22	8
zweiten festen Beziehung	18	16	5
dritten (oder mehr) festen Beziehung	17	39	10
erstes Kind mit dem ersten Sexualpartner	28	11	5

Die Fallzahlen sind der Tabelle 1.8 zu entnehmen.

Die Angehörigen der jüngsten Generationen haben also schon mehr Beziehungen, mehr wechselnde Sexualpartner und auch mehr Trennungen erlebt, wenn sie sich einmal für Kinder entscheiden. Fließen die vielfältigen Beziehungserfahrungen in der Phase des jungen Erwachsenenlebens in eine veränderte soziale Organisation des Lebens mit Kindern ein?

Vervielfältigung der Lebensformen mit Kindern

In welchen Beziehungsformen leben Männer und Frauen mit Kindern? 252 Befragte haben Kinder, die bei ihnen wohnen. Sie gehören in der überwiegenden Mehrheit (218) den Jahrgängen 1957 und 1972 an, da die Kinder der 60-Jährigen in der Regel schon aus dem Haus sind. Für die folgende Abbildung 3.7 wurden daher nur die junge und mittlere Generation berücksichtigt.[13]

---

[13] Die Analysen beziehen sich auf Männer und Frauen, die aktuell mit Kindern in einer festen Beziehung zusammenleben. Die biologische Vater- oder Mutterschaft war hierfür keine Voraussetzung.

Abb. 3.7: Beziehungsformen von Befragten, die gegenwärtig mit Kindern zusammenleben und solchen, die ohne Kinder leben (30- und 45-Jährige, in %)

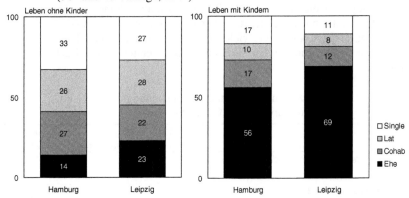

Die Fallzahlen variieren von n=101 (Hamburg, mit Kindern) bis n=197 (Hamburg, ohne Kinder).
Signifikanz der Unterschiede für beide Städte: p<.000 für Leben mit Kindern versus Leben ohne Kinder.
Signifikanz der Stadtunterschiede: ns (für beide Gruppen).

Die eheliche Kernfamilie ist, das macht diese Abbildung deutlich, immer noch die häufigste Lebensform mit Kindern, aber auch nichtkonventionelle Beziehungsformen mit Kindern sind inzwischen weit verbreitet (stärker in Hamburg als in Leipzig). Ebenfalls beeindruckend ist die Tendenz zur Institutionalisierung von Beziehungen mit der Geburt von Kindern. Die Koppelung von Ehe und Elternschaft wird, bezieht man die 1942 Geborenen in die Berechung ein, sogar noch deutlicher. Betrachtet man *alle Beziehungen in der Lebensgeschichte aller Befragten*, so zeigt sich: Von den insgesamt 508 Beziehungen, in denen Kinder geboren werden, waren 84% Ehen, 12% nichteheliche Lebensgemeinschaften und 4% Lat-Beziehungen. Bei genauerem Hinsehen sind die Verhältnisse aber komplizierter, als es die genannten Zahlen erkennen lassen, da viele dieser Beziehungen keinen Bestand hatten. Wenn außer der Beziehungsform auch noch berücksichtigt wird, ob der Befragte und sein Partner auch der leibliche Vater/die leibliche Mutter des Kindes sind, mit dem sie zusammenleben, dann zeigt sich (Tabelle 3.13): Zum Zeitpunkt der Untersuchung lebt die Mehrheit der 30- und 45-Jährigen auf traditionelle Weise in einer Ehe mit gemeinsamen Kindern. Doch dies ist eine Momentaufnahme. Wenn die Kinder einmal volljährig sind, dürfte – stellt man die noch zu erwartenden Trennungen und Scheidungen in Rechnung – aus dieser Mehrheit eine Minderheit geworden sein.

Tab. 3.13: Formen der privaten Lebensführung mit Kindern
(30- und 45-Jährige, n=210)

124 leben mit gemeinsamen Kindern in einer Ehe (59%).
16 leben mit gemeinsamen Kindern unverheiratet zusammen.
3 leben mit gemeinsamen Kindern in einer Partnerschaft, ohne zusammenzuwohnen.
22 leben mit eigenen Kindern aus einer früheren Beziehung in einer neuen Partnerschaft ohne gemeinsame Kinder (18 davon in einer nichtehelichen).
6 leben mit eigenen Kindern aus einer früheren Beziehung und gemeinsamen Kindern in einer neuen Partnerschaft (davon 1 nichtehelich).
2 leben mit Kindern des Partners aus einer früheren Beziehung und gemeinsamen Kindern in einer neuen Partnerschaft (davon 1 nichtehelich).
7 leben mit eigenen Kindern aus einer früheren Beziehung und Kindern des Partners aus einer früheren Beziehung in einer neuen Partnerschaft (davon 5 nichtehelich).
30 (14%) leben mit eigenen Kindern als Single. Diese im engsten Sinne des Wortes Alleinerziehenden sind in der großen Mehrheit Frauen.

Alltagsorganisation und Arbeitsteilung

Wir haben oben darauf hingewiesen (und kommen darauf ausführlich zurück, vgl. S. 150ff.), dass sich moderne Beziehungen weitgehend am Ideal der „reinen Beziehung" orientieren (Giddens 1991, 1993). Dieses Ideal fordert neben emotionaler Lebendigkeit und Intimität auch Gleichheit und fortgeschrittene Gleichberechtigung der Partner. Abhängigkeits- und Machtverhältnisse hingegen widersprechen ihrem Grundprinzip, „reine Beziehungen" sind in der Tendenz demokratisch und gleichberechtigt. Dies zeigt sich auch in den modernen Vorstellungen über die Vereinbarkeit von Elternschaft und Berufstätigkeit. Die beiden jüngeren Generationen (Abbildung 3.8) votieren mehrheitlich für eine geschlechtsegalitäre Verteilung von Erwerbsarbeit und Familienaufgaben auch in der Phase, in der die Kinder noch klein sind. Die traditionelle Ernährer-Hausfrauen-Ehe wird von den beiden jüngeren Generationen deutlich abgelehnt, das gemäßigt traditionelle Modell, bei dem die Frau Teilzeit arbeitet, wird in allen drei Generationen von etwa einem Viertel der Befragten gewünscht.

Aber nicht nur in den Wünschen und Idealen haben sich geschlechtsegalitäre Vorstellungen niedergeschlagen, in einigen Bereichen heterosexueller Beziehungen lassen sich ganz konkrete Annäherungen der Geschlechter konstatieren. Wir haben für einige dieser Bereiche Mann-Frau Egalitätsindizes berechnet. Dieser Index variiert von 0 bis 100. Ein Wert von 0 bedeutet, dass dieser Bereich in einer Generation komplett „gegendert" ist (Zum Beispiel: In allen Beziehungen putzen Frauen mehr als Männer; oder in allen Beziehungen putzen Männer mehr als Frauen); ein Wert von 100 bedeutet, dass dieser Bereich geschlechtsegalitär organisiert ist (Männer und Frauen einer Gruppe putzen gleich viel).

Abb. 3.8: Bevorzugtes Modell der Aufgabenteilung in Partnerschaften mit Kindern, die noch nicht zur Schule gehen, nach Generation (in %)[1]

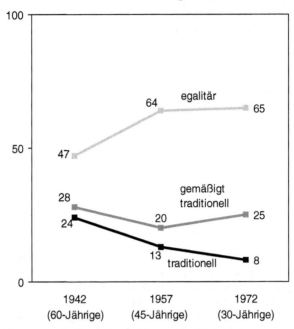

Alle Befragten. Die Fallzahlen sind der Tabelle 1.8 zu entnehmen.
Signifikanz der Generationsunterschiede: p<.000.

1 *Traditionelle Aufgabenteilung*: Der Mann geht seinem Beruf nach und sorgt für den Unterhalt der Familie, die Frau versorgt Haushalt und Kinder.
Gemäßigt traditionelle Aufgabenteilung: Der Mann geht seinem Beruf nach und sorgt für den Unterhalt der Familie, die Frau versorgt Haushalt und Kinder und ist halbtags berufstätig.
Egalitäre Aufgabenteilung: Mann und Frau gehen beide ihrem Beruf nach und sind gleichermaßen für Haushalt und Kindererziehung verantwortlich.
1-4% der Befragten wünschten eine Umkehr der traditionellen Geschlechtsrollen, bei der vorrangig der Mann für Haushalt und Kinder verantwortlich ist.

Im Hinblick auf die Ausbildung beider Partner sind Beziehungen, vor allem Jüngerer, heute weitgehend geschlechtsegalitär (Abbildung 3.9), das gleiche gilt für die sexuelle Initiative. Ebenfalls relativ egalitär geht es in den beiden jüngeren Generationen bei der Kinderversorgung und -betreuung zu. Das Einkommen jedoch – und das bedeutet indirekt die Position auf dem Arbeitsmarkt – folgt immer noch deutlich der Logik der Geschlechterhierarchie, und eine Wende zum Besseren ist auch bei den 30-Jährigen nicht zu erkennen. Eine Entwicklung zur mehr Egalität, allerdings auf niedrigerem Niveau, ergibt sich für die Hausarbeit, aber insgesamt ist dieser Bereich noch am weitesten von einer gleichberechtigten Organisation entfernt.

Abb. 3.9: Wie egalitär sind heterosexuelle Beziehungen? Egalitätsindizes für verschiedene Bereiche[1]

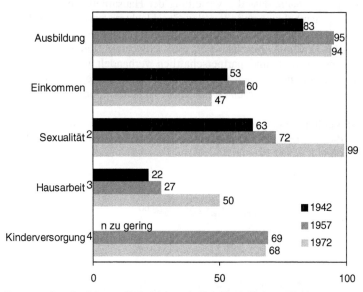

Gegenwärtige Beziehung. Fallzahlen vgl. Tabelle 1.8, für „Kinderversorgung" n=136 (1957) bzw. n=52 (1972).
Männer und Frauen sowie Hamburger und Leipziger wegen der geringen Unterschiede zusammengefasst.

1 Zur Definition des Egalitätsindex siehe Text.
2 Sexualität: sexuelle Initiative beim letzten Sex.
3 Hausarbeit: Kochen, Putzen, Waschen, Einkaufen (nur Befragte, die zusammen wohnen).
4 Kinderversorgung: Nur Befragte mit Kindern, die noch im Haus sind.

Erwartungsgemäß wird Geschlechtsegalität in Beziehungen stark davon beeinflusst, ob ein Paar Kinder hat oder nicht (Abbildung 3.10). Die oft beschriebene Retraditionalisierung der Geschlechterrollen nach der Geburt von Kindern (vgl. Rost und Schneider 1995) findet sich auch in unseren Daten. Einkommen, Sexualität und vor allem Hausarbeit sind bei Paaren mit Kindern deutlich stärker „gegendert", als bei kinderlosen Paaren. Mit der Geburt von Kindern findet eine deutliche Verschiebung statt: Viele Aufgaben im Haushalt, die vorher tendenziell von beiden Partnern übernommen wurde, werden Frauensache.

Interessant ist die Interpretation dieses Befundes. Während ältere Analysen diesen Trend in den Kontext einer Opfer-Täter-Rhetorik stellen und die Schuld an der Persistenz der traditionellen Geschlechtsrollen vor allem den veränderungsresistenten Männern zuweisen (z.B. Pinl 1994), bieten neuere Untersuchungen differenziertere Deutungen. In ihrer milieuvergleichenden Studie „Die Illusion der Emanzipation" (1999) zeichnen Koppetsch und Burkhart minutiös nach, dass die Verteilung der Hausarbeit sehr eng mit einer prekären Machtbalance zwischen den Geschlechtern verwoben ist. Dabei bewirkt die Vorstellung, dass die Arbeitsteilung zwischen den Geschlechtern nicht mehr das Ergebnis einer natürlichen Geschlechterdifferenz ist, sondern stattdessen frei gewählt und partnerschaftlich verhandelt wird, *nicht*, dass sich die geschlechtsspezifischen Rollen in der Praxis auflösen. Im Gegenteil, aus den vorher expliziten werden latente Geschlechternormen.

Abb. 3.10: Veränderungen der partnerschaftlichen Aufgabenteilung durch die Elternschaft. Egalitätsindizes für Paare mit Kindern und Paare ohne Kinder (30- und 45- Jährige)[1]

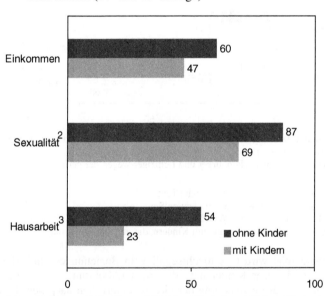

Gegenwärtige Beziehung. Fallzahlen n=206 (ohne Kinder), n=188 (mit Kindern).
Männer und Frauen sowie Hamburger und Leipziger wegen der geringen Unterschiede zusammengefasst.
1 Zur Definition des Egalitätsindex siehe Text.
2 Sexualität: sexuelle Initiative beim letzten Sex.
3 Hausarbeit: Kochen, Putzen, Waschen, Einkaufen (nur Befragte, die zusammen wohnen).

„Die Ohnmacht der Diskurse rührt auch daher, dass (…) sie nur um den Preis langwieriger Konflikte zur Sprache gebracht werden kann. Die Thematisierung der Ungleichheit droht nicht nur diejenigen zu decouvrieren, die sie zur Sprache bringen. Sie ist nicht nur verbunden mit der Gefahr, das Scheitern der eigenen Ansprüche ans Licht zu bringen. Sie könnte auch die Beziehung selbst gefährden. Und im stillschweigenden Aufräumen des häuslichen Chaos' ist deshalb nicht nur eine uneingestandene Niederlage verborgen. Im Schweigen kommt auch zum Ausdruck, dass die Beziehung wertvoller ist als die Idee der Gleichheit und dass die Logik des Tausches, die zum säuberlichen Aufrechnen von Leistung und Gegenleistung zwingt, zerstört, was den größten Wert besitzt: die Bewahrung des Paares und ‚die Liebe mit ihrer Ökonomie des Gabentauschs', (…) die auf Freiwilligkeit und Unbedingtheit basiert'." (Wetterer 2003: 299)

Angelika Wetterer, die hier die Ergebnisse von Koppetsch und Burkart zusammenfasst, hebt als Gründe für die Stabilisierung traditioneller Rollenmuster hervor: den Wunsch, Konflikte zu vermeiden; die Gefahr, an den eigenen Ansprüchen zu scheitern; den Wunsch, die Beziehung zu schützen und zu stabilisieren und besonders die Idee der romantischen Liebe, die das Aufrechnen von Haushaltstätigkeiten tendenziell verbietet.

Eine etwas andere Perspektive nimmt der französische Soziologe Jean-Claude Kaufmann ein, der in zwei Büchern seine Theorie der Haushaltstätigkeit entwickelt hat (Kaufmann 1994, 1999). Zwar kommt auch er zu dem Ergebnis der Ungleichverteilung der Hausarbeit, er analysiert das zentrale Problem jedoch als „Widerstand der Alltagsgesten, in denen eine lange Vergangenheit verinnerlichter Geschlechterpositionen aufbewahrt ist" (Kaufmann 1994: 293). Seine detaillierten ethnographischen Beschreibungen zeigen eindrucksvoll, wie Geschlechterungleichheiten in die Routinen des Alltagshandelns verwoben sind und sich in habitualisierten und inkorporierten Körperpraxen niedergeschlagen haben. Die Gesten und die Körper bewahren auch gegen den Willen der Akteure – so Kaufmanns ernüchterndes Fazit – eine lange Vergangenheit verinnerlichter Geschlechterpositionen auf.

Geschlechteregalität ist eine dominante Wunschvorstellung für die Organisation von „reinen Beziehungen" in den jüngeren Generationen. Gleichzeitig klaffen Ideal und Realität oft auseinander, eine Spannung, die sich mit der Geburt von Kindern noch einmal deutlich verschärft. Man könnte vermuten, dass an diesem Auseinanderfallen von Ideal und Realität viele Beziehungen zerbrechen, doch diese These lässt sich anhand unserer Daten nicht bestätigen. Die große Mehrheit aller Paare ist mit ihrem Arrangement der Aufgabenteilung sehr zufrieden (88%), Männer wie Frauen, auch wenn Frauen die Situation zum Teil etwas ambivalenter erleben. Auch bei den Gründen für Trennungen oder für Trennungskrisen in Beziehungen spielt die partnerschaftliche Aufgabenteilung nur eine Nebenrolle. Sehr viel häufiger wird die Sexualität erwähnt. Sie ist einer der häufigsten Gründe für Trennungskrisen, sei es in der Gestalt sexueller Unzufriedenheit, sei es, dass eine sexuelle Außenbeziehung oder Eifersucht eine Beziehungskrise auslöst.

Sexleben von Eltern

Welche Auswirkungen hat nun die Elternschaft auf die Partnersexualität? In der sexualwissenschaftlichen Surveyforschung wurde der Effekt von Kindern auf die sexuelle Aktivität eines Paares selten untersucht, obwohl es eine Binsenweisheit zu sein scheint, dass nach der Geburt eines Kindes zeitweilig oder dauerhaft sexuelle Probleme auftreten oder akzentuiert werden können. Wie wirken sich die Mutter- bzw. Vaterschaft auf die sexuelle Aktivität aus? Tabelle 3.14 zeigt die durchschnittlichen Koitushäufigkeiten nach dem Kinderstatus eines Paares. Dabei werden Paare mit Vorschulkindern von solchen mit Schulkindern und Paaren, die keine Kinder haben oder deren Kinder aus dem Haus sind, unterschieden.[14]

Tab. 3.14: Welchen Einfluss haben Kinder? Koitusfrequenzen in den letzten 4 Wochen, nach Kindern und Beziehungsdauer (M)[1]

	Vorschulkinder	Schulkinder	keine Kinder/Kinder aus dem Haus
Alle[2]	5.0	5.2	7.1
Dauer der Beziehung[3]			
0 - 5 Jahre	5.4	7.1	10.0
6 - 10 Jahre	4.9	5.3	5.7
11 - 30 Jahre	5.2	4.8	4.0

Die Fallzahlen in den Zellen variieren zwischen n=7 (Vorschulkinder, 6-10 Jahre) und n=92 (Schulkinder, 11-30 Jahre).

1 Nur Befragte, die mit Partner/ Partnerin und Kind/ern zusammen wohnen; ohne Beziehungen, die 31 Jahre und länger dauern, da hier Vorschulkinder sehr selten sind.
2 Signifikanz (Anova): Kinder p<.01.
3 Signifikanz (Anova): Kinder ns, Dauer p<.005, Interaktion p<.02.

Paare mit Kindern haben durchschnittlich eine etwas geringere Koitusfrequenz als solche ohne Kinder. Sie sind aber auch länger zusammen. Die Dauer der Beziehung erklärt zu einem großen Teil die unterschiedliche sexuelle Aktivität.[15] Kontrolliert man bei der Untersuchung des Kinderstatus die Beziehungsdauer, dann ergibt sich ein differenziertes Bild: Kinder, vor allem kleine Kinder, reduzieren die hohen Frequenzen, die für kurze Partnerschaften typisch sind, deutlich. Die gemäßigten Frequenzen von Paaren, die länger zusammen sind, werden hingegen nicht davon beeinflusst, ob ein Paar Kinder hat oder nicht. Man kann daraus schließen, dass Kinder nur einen vorübergehenden Effekt auf die Koitusfrequenz haben.

---

14 Auch hier beschränken wir die Untersuchungsgruppe auf die 30- und 45-Jährigen, da die Kinder der 60-Jährigen in der Regel schon erwachsen sind und nicht mehr zu Hause leben.
15 Zum Zusammenhang von Beziehungsdauer und heterosexueller Aktivität vgl. 121ff.

Nun drückt sich der Einfluss der Kinder auf die Sexualität des Paares nicht allein in der Koitusfrequenz aus. Betrachtet man verschiedene Parameter der sexuellen Zufriedenheit und der Beziehungszufriedenheit, zeigen sich interessanterweise deutliche Geschlechtsunterschiede in den Auswirkungen der Mutter- bzw. Vaterschaft. Die Elternschaft beeinträchtigt die sexuelle Zufriedenheit von Frauen in festen Beziehungen nicht nennenswert (Tabelle 3.15). Väter jedoch erscheinen sexuell deutlich gedämpft, sie erleben die partnerschaftliche Sexualität als weniger leidenschaftlich, fühlen sich sexuell unterversorgt und sexuelle Schwierigkeiten nehmen zu. Zusätzlich nehmen sie eine geschlechtstypische Polarisierung sexueller Wünsche nach der Geburt von Kindern wahr: sie erleben sich als denjenigen Partner, der die sexuelle Initiative ergreift bzw. „häufiger" Lust auf Sex hat als die Partnerin. Auch die Leidenschaftlichkeit sexueller Erlebnisse und die sexuelle Zufriedenheit sind deutlich niedriger, als bei Männern ohne Kinder. Diese allgemeine sexuelle Missstimmung wirkt sich auch auf die Masturbation aus: die Masturbationsfrequenzen von Vätern sind im Vergleich zu Männern ohne Kinder reduziert und die Masturbation bekommt häufiger eine kompensatorische Funktion für den zu seltenen Partnersex.

Tab. 3.15: Einfluss von Kindern auf die Sexualität (30- und 45-jährige Männer und Frauen in festen Beziehungen, in %)

	1972 und 1957 (30- und 45-Jährige)					
	Männer			Frauen		
	ohne Kind n=100	mit Kind n=75	Sign. (p)	ohne Kind n=106	mit Kind n=113	Sign. (p)
Sexualität						
Sex in den letzten 4 Wochen „zu selten"	33	47	.05	36	24	.04
Das letzte Mal						
„Es war leidenschaftlich"	85	73	.05	59	61	ns
Sexuelle Zufriedenheit						
Note „sehr gut oder gut"	78	64	.03	64	63	ns
Sexuelle Schwierigkeiten						
„Ich wollte häufiger Sex als Partner/in"	34	62	.000	23	16	ns
Masturbation						
nie in den letzten 4 Wochen	25	47	.002	54	58	ns
„Ich machte es, weil wir zu selten Sex hatten"	29	46	.06	29	24	ns

Diese erstaunlich Beeinträchtigung lässt sich auch als ein Hinweis lesen, dass junge Männer heute an der Erziehung und Versorgung ihrer kleinen Kinder einen großen Anteil haben. Dies artikulieren sie auch in ihren Antworten auf die Frage, welche Bedeutung die Sexualität für ihre Beziehung habe. Hierfür einige Beispiele[16]:

---

16 Antworten auf die offene Frage: „Welche Bedeutung hat die Sexualität für Ihre Beziehung, was spielt sie für eine Rolle?"

„Zurzeit spielt sie [die Sexualität] nicht so die Rolle wegen des Kindes. Wir wollen zwar im Prinzip beide Sex, aber man ist so gerädert, man ist einfach nicht richtig locker. Das ist ein Zustand, den wir akzeptiert haben, weil wir sicher sind, dass sich das ändert, ist der haltbar. Sonst wäre es ein unhaltbarer Zustand." (30-jähriger Mann, seit 3 Jahren in fester Beziehung)

„Im Moment eher untergeordnet, weil man mit dem Kind so viel zu tun hat, man hat kaum noch Zeit füreinander, weil der kleine Frosch da ist." (30-jähriger Mann, seit 3 Jahren in fester Beziehung)

„Eine mittlere Rolle. Es ist einfach so, wenn man kein Student mehr ist: Mit Arbeit, Kind und Verantwortung, Organisation des Lebens, dann fällt eben manchmal etwas hinten runter." (30-jähriger Mann, seit 8 Jahren in fester Beziehung)

„Seitdem das Kind da ist, ist die Sexualität nicht mehr ganz so wichtig. Es sehen beide so. Trotzdem ist sie wichtig für die Aufrechterhaltung der Beziehung." (30-jähriger Mann, seit 10 Jahren in einer festen Beziehung)

Auch wenn die Elternschaft keinen dauerhaften Rückgang der sexuellen Aktivität zur Folge hat, so scheint es doch so, dass mit der Geburt von Kindern die sexuellen Routinen eines Paares noch einmal neu verhandelt werden müssen, so dass sich mehr oder weniger spontan, mehr oder weniger konflikthaft neue Gewohnheiten herausbilden. Ein wichtiger Faktor ist hier das Alter der Kinder. Die klinische Erfahrung zeigt, dass nicht wenige Paare an der anspruchsvollen Aufgabe scheitern, neben der Versorgung eines oder mehrerer Kleinkinder neue Geschlechterarrangements in der Beziehungssexualität auszuhandeln. Aus der Beratungsarbeit ist bekannt, dass sich in den ersten drei Jahren nach der Geburt eines Kindes besonders viele Paare trennen, und ein ungewöhnlich hoher Anteil berichtet über sexuelle Probleme (vgl. Hotfilter-Menzinger 1995). Eine differenzierte Betrachtung dieser Zusammenhänge, die das Alter der Kinder in Rechnung stellt, ist mit unseren Daten leider nicht möglich.

Trennungen aus Beziehungen mit Kindern

Multiple Trennungserfahrungen sind angesichts der gestiegenen Serialität und Diskontinuität von Beziehungsbiographien (vgl. S. 26ff.) heute ein selbstverständlicher Bestandteil der Lebensgeschichte vieler Menschen; sie sind erwartbare, manchmal befreiende, oft traurige aber wichtige Etappen der individuellen Biographie. Von besonderer gesellschaftlicher Bedeutung sind Trennungen, von denen Kinder betroffen sind. Zwar wird die Serialität von Beziehungen im mittleren Erwachsenenalter und wenn Kinder da sind geringer, aber oft nur vorübergehend. 190 Befragte haben sich aus einer Beziehung mit Kindern getrennt, das sind 24% der Gesamtstichprobe bzw. 38% derer, die überhaupt Kinder haben. Dabei erfolgte die Trennung in der überwiegenden Mehrzahl in dem Zeitraum, in dem die Kinder noch bei den Eltern lebten.[17] In mehr als der Hälfte der Fälle (54%) ging die Trennung von der Frau aus, in 17% wollten beide Partner die Trennung, in 29% der Fälle war der Mann der aktive Part – diese prozentuale Verteilung findet sich übrigens auch bei Trennungen aus Beziehungen ohne Kinder (vgl. S. 69, Fn).

Die Folgen von Trennung und Scheidung für die Kinder werden heute anders bewertet als früher. Neue Sichtweisen zeichnen sich ab, bei den Betroffenen oft deutlicher als bei den Experten. Trennungen, gelten weiterhin als trauriges und belastendes Ereignis für die Kinder; aber auch Chancen werden gesehen, neue Optionen betont, in großstädtischen und liberalen Kreisen gewiss eher als in ländlichen und traditionellen. Die neuen Partner der Eltern und deren Töchter und Söhne vergrößern den Erfahrungskreis der Kinder mit nahe stehenden Erwachsenen oder Elternfiguren und Quasigeschwistern und erweitern den sozialen Horizont der Kinder über die begrenzte Kleinfamilie hinaus. Zweifellos sind die Auswirkungen von Trennungen auf die Kinder selbst etwas, das dem sozialen Wandel unterliegt, kurz, sie verändern sich. Heute werden Trennungen nicht mehr als moralisches Versagen gesehen, sondern eher als eine akzeptable Form oder Möglichkeit der Konfliktlösung. Das ist eine wichtige Voraussetzung für sanftere Scheidungsfolgen.

Bilanziert man den wissenschaftlichen Erkenntnisstand zu den Trennungsfolgen für Kinder, fallen drei Ergebnisse auf. *Erstens:* Ein wichtiger Faktor ist das *Familienleben vor der Trennung*. Viele der Schwierigkeiten, die Kinder nach einer Trennung erleben, haben ihre Ursachen in dem problematischen Familienleben *vor* der Trennung (vgl. Thompson und Amato 1999). Auch ist das Trennungsarrangement häufig eine Verlängerung der vorherigen Familiensituation. Da noch immer vorrangig Frauen die Verantwortung für die Erziehung und Versorgung der Kinder in der Familie tragen, erstaunt es wenig, dass sie auch nach einer Trennung weiterhin diese Aufgaben übernehmen. *Zweitens:* Ob Kinder Trennungen der Eltern traumatisch, belastend oder erleichternd erleben, hängt entscheidend von dem *Konfliktniveau in der Familie* ab (Booth 1999: 29ff.). War das Konfliktniveau vor und während der Trennung hoch, haben Kinder bessere Chancen, die Trennung positiv zu verarbeiten; war es sehr niedrig und die Konflikte der Eltern weitgehend vor den Kindern verborgen, sind die negativen Folgen für die emotionale und Persönlichkeitsentwicklung gravierender, das subjektiv empfundene Leiden größer. *Drittens:* Der wichtigste Faktor ist das weitere Verhältnis der Eltern zueinander, bzw. der konstante Kontakt beider Eltern zu den Kindern. Diejenigen Kinder, deren Eltern nach der Scheidung ihre Elternrolle gemeinsam oder in Absprache miteinander wahrnehmen, zeigen langfristig

---

17 13 Paare trennten sich, nachdem alle Kinder aus dem Haus waren; diese werden in den folgenden Analysen der weiteren Gestaltung der Familienbeziehungen nach der Trennung nicht berücksichtigt.

die wenigsten Verhaltensauffälligkeiten (Napp-Peters 1988). Es kann inzwischen als gesichert angesehen werden, dass der Kontakt von Kindern und Jugendlichen *zu beiden Eltern* eine wichtige Voraussetzung für den Prozess einer gelingenden Neuorganisation des Familiensystems ist (Peuckert 2004).

Die folgenden Analysen zur Situation von Nachtrennungsfamilien verlassen das bisherige Schema des Generationenvergleichs (nach Geburtsjahr) und betrachten den sozialen Wandel in Bezug auf die Trennungsjahre (also den historischen Zeitpunkt, an dem die Trennungen stattfanden).

Abb. 3.11: Arrangements nach Trennungen aus Beziehungen mit Kindern, nach Trennungsjahr (in %)

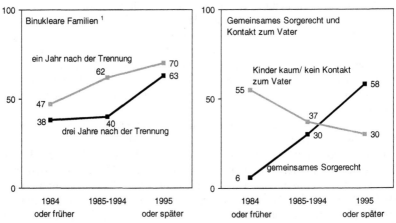

Anzahl der Trennungen mit Kindern: n=82 (1984 oder früher), n=75 (1985-1994), n=61 (1995 oder später).
Signifikanz der Unterschiede nach Trennungsjahr: alle p<.000.

1 Binukleare Familien: Beide Eltern kümmern sich gleichermaßen um die Kinder bzw. die Kinder leben bei einem Elternteil und sehen den anderen mindestens zweimal monatlich.

Binukleare Lösungen sind, wie die Abbildung (Abb. 3.11, linke Graphik) zeigt, deutlich auf dem Vormarsch. Allerdings zeigt sich auch, dass es eine schwierige Aufgabe ist, den Kontakt der Kinder zu beiden Elternteilen über einen längeren Zeitraum zu gewährleisten – drei Jahre nach der Trennung finden sich schon deutlich weniger binukleare Lösungen. Ein weiterer Indikator für den Versuch, auch nach dem Ende der Partnerschaft weiterhin zusammen Elternrechte und Elternpflichten wahrzunehmen, ist das gemeinsame Sorgerecht. Dies sagt allerdings relativ wenig über die tatsächlichen Verhältnisse aus. Auch beim gemeinsamen Sorgerecht (Abb. 3.11, rechte Graphik) zeigt sich ein deutlicher Trend zu einvernehmlichen Lösungen und dem Versuch, Elternaufgaben nach einer Trennung weiterhin im Prinzip zusammen wahrzunehmen.[18] Gleichwohl ist der Anteil der Kinder, der nach einer Trennung bei der Mutter lebt, erstaunlich konstant – es sind 82%, unabhängig vom Trennungszeitpunkt oder dem Geburtsjahrgang. Diese Konstellation wird durch zwei Faktoren stabilisiert: die gesellschaftlich dominante Ideologie, dass Kinder zur Mutter gehören (Schütze 2000) sowie die faktische Aufgabenteilung in Familien mit Kindern (vgl. S. 100), die meistens über die Trennung hinaus Bestand hat.

Sowohl die Zunahme binuklearer Familienkonstellationen als auch die Verbreitung des gemeinsamen Sorgerechts sind positive Trends, sie begünstigen sanfte Trennungsfolgen für die Kinder. Demgegenüber ist jedoch nicht zu vernachlässigen, dass mindestens ein Drittel der Trennungen mit Kindern konflikthaft und ungünstig verlaufen:

– In etwa einem Fünftel aller Trennungen bricht der Kontakt zwischen dem Vater und den Kindern völlig ab.
– In etwa einem Fünftel aller Trennungen kommt es zu massiven Auseinandersetzungen über die Versorgung der Kinder.
– In einem Drittel der Fälle haben die Eltern nach der Trennung den Kontakt zueinander gänzlich abgebrochen.

Fragt man nach den Gründen für besonders ungünstige Trennungsverläufe, wird deutlich, dass Trennungen mit Kindern emotional stark belastende und für die weitere Beziehungsbiographie oft prägende Ereignisse sind. Wut, Schuldgefühle, das Gefühl, bloßgestellt und alleine gelassen zu sein, stehen häufig dem Bemühen entgegen, die Elternaufgaben weiterhin gemeinsam oder kooperativ zu lösen.

Zerrüttete und devitalisierte Partnerschaften

Welche Faktoren sind es, die Beziehungen scheitern lassen bzw. die für Menschen in den individualisierten westlichen Industriegesellschaften ausschlaggebend sind, sich aus Beziehungen mit Kindern zu trennen? Der häufigste Grund für eine Trennung ist für Männer und Frauen gleichermaßen die *emotionale* Devitalisierung ihrer Partnerschaft (Tabelle 3.16). Der Begriff beschreibt Beziehungen, in denen sich die Partner auseinander gelebt haben, keine gemeinsame Basis mehr sehen und die Gefühle von Liebe, Vertrauen und Nähe dauerndem Streit oder auch Kommunikationslosigkeit gewichen sind – eine 60-Jährige fasst diesen Zustand mit den Worten zusammen: „Es war alles tot". Die *sexuelle* Devitalisierung der Partnerschaft fällt ebenfalls in diese Kategorie, sie wurde jedoch nur von sehr wenigen Befragten explizit

---

18 Seit Juli 1998 ist das gemeinsame Sorgerecht nach einer Scheidung der Regelfall, das alleinige Sorgerecht wird nur noch auf Antrag einem Elternteil alleine übertragen (vgl. Peukert 2004).

als Trennungsgrund angegeben – entscheidender ist der Mangel an Intimität und Gemeinsamkeit. Obwohl, wie wir gesehen haben (vgl. S. 33), der Wunsch nach dauerhaften, ja lebenslangen Beziehungen nach wie vor verbreitet ist, ist die emotionale Qualität einer Beziehung heute das entscheidende Kriterium für den Erhalt oder die Trennung.

Tab. 3.16: Trennungsgründe aus Beziehungen mit Kindern (in %)[1]

	Männer n=94	Frauen n=96	Gesamt n=190
Emotionale Devitalisierung	44	49	46
Eifersucht, wiederholte Außenbeziehungen	16	30	23
Alkoholismus, Gewalt, psychische Krankheit	11	25	18
Neue Partnerschaft	18	16	17
Externe Faktoren (räumliche, berufliche)	11	13	12
Keine „richtige" Beziehung	10	13	11
Sonstige	7	6	7

1 Mehrfachnennungen möglich; Kategorisierte Antworten auf die offene Frage: „Welche Gründe gab es für die Trennung?" Erläuterung der Kategorien:
Emotionale Devitalisierung: Entfremdung, Auseinanderleben, keine gemeinsamen Interessen, keine Nähe.
Eifersucht, wiederholte Außenbeziehungen: ständiges Fremdgehen, Streit um sexuelle Außenbeziehungen.
Alkoholismus, Gewalt, psychische Krankheiten: Brutalität, Gewalttätigkeit gegenüber Frau und Kindern.
Neue Partnerschaft: Ein Partner beginnt eine neue Beziehung.
Externe Faktoren: Partner muss ins Ausland zurück, Ortswechsel, berufliche Mobilitätserfordernisse.
Keine „richtige" Beziehung: Partner waren zu jung, waren nur sehr kurz zusammen, wollten keine Beziehung.
Sonstige: Schwiegereltern, Unfall, Tod eines Kindes, homosexuelles „Coming-out", großer Altersunterschied.

Die an zweiter Stelle genannten Konflikte um Eifersucht und wiederholte sexuelle Außenbeziehungen sind häufig ein *Auslöser* für die Trennung, selten der tatsächliche Grund. Bemerkenswert ist die Häufigkeit, mit der die Befragten von massiven Problemen wie Alkoholismus und Gewalttätigkeit (häufiger der Männer) oder gravierenden psychischen Erkrankungen (häufiger der Frauen) berichten. Dieses sind Gründe, die den Aufbau eines binuklearen Familiensystems nach der Trennung und einen regelmäßigen Kontakt zwischen dem Vater und den Kindern erschweren und – so muss man hinzufügen – in einigen Fällen gar nicht wünschenswert erscheinen lassen. Ebenfalls eine ungünstige Prognose haben Trennungen aus Beziehungen, die nie richtig angefangen haben, weil die Befragten zu jung waren, nur wenige Monate eine Beziehung hatten oder nur auf Grund der Schwangerschaft geheiratet haben.

Diese Analyse von Trennungsgründen zeigt, dass es heute zwei Typen von Trennungen gibt. Die erste sind Trennungen aus Beziehungen, die früher als zerrüttet bezeichnet wurden, in denen das Konfliktniveau sehr hoch ist und gravierende Gründe für die Trennung sprechen. Beispiele für diesen Typ sind folgende Antworten:

> „Mein Mann hatte eine andere Freundin damals und ich hatte mich gerade aus einer fünf Jahre andauernden Tiefphase wieder hochgearbeitet. Er hatte mich zu Abtreibungen geradezu genötigt und das habe ich ihm sehr übel genommen, habe Terror gemacht. Wenn diese andere Frau nicht gewesen wäre, hätten wir es evt. schaffen können. Es war dann wie ein Alptraum. Er hatte ein Gespräch mit meinem Vater, wo er sagte, er liebe mich wahnsinnig und einen Monat später hat er sich getrennt." (60-jährige Hamburgerin, nach 16 Jahren getrennt, ein Kind)

> „Meine Frau war sehr labil und machte mir zunehmend zu schaffen, sie war auf das Kind fokussiert, wollte mit mir zusammenziehen, ich wollte das nicht. Ich wollte raus, die Frau wurde sogar gewalttätig, schmiss, schlug, randalierte, betrank sich. Sie kam mir manisch vor, die neue Beziehung half mir, mich zu lösen." (60-jähriger Hamburger, nach 10 Jahren getrennt, ein Kind)

> „Vertrauensmissbrauch und Vergewaltigung. Er war faul, wollte nicht arbeiten. Er hatte sadomasochistische Neigungen entwickelt, das war für mich Dauerstress. Zwischendurch hat er sich als Frau verkleidet, das fand ich lächerlich, der Respekt ging verloren. Dann hatte er eine andere Frau, mit der er diese Neigung leben konnte und ich habe mich getrennt." (45-jährige Hamburgerin, nach 14 Jahren getrennt, 2 Kinder)

> „Belogen, betrogen, Alkohol, Drogen, psychische Manipulation" (30-jährige Hamburgerin, nach 8 Jahren getrennt, ein Kind)

> „Meine Frau ist manisch-depressiv und lebt seit 1993 in O. (einer psychiatrischen Klinik) und seitdem kann man eigentlich nicht mehr wirklich von einer festen Beziehung sprechen." (60-jähriger Hamburger, nach 25 Jahren getrennt, zwei Kinder)

> „Alkoholkonsum meines Mannes und Gewalttätigkeiten gegen die Kinder und gegen mich. Er hat mich zusammengeschlagen." (45-jährige Hamburgerin, nach 5 Jahren getrennt, zwei Kinder)

> „Zerrüttete Ehe, Brutalität des Mannes. ‚Ich will meine Puschen, ich will mein Essen, ich will, dass du zu Hause bleibst.' Unverständnis meinem Studium gegenüber, Unverständnis über meine politische Arbeit, sexuelle Gewalt." (60-jährige Hamburgerin, nach 9 Jahren getrennt, zwei Kinder)

Der zweite, in unseren Daten häufigere Typ, sind devitalisierte Beziehungen, in denen sich die Partner oft schleichend auseinander gelebt haben. Wir haben oben gesehen, dass es in modernen Beziehungen nicht mehr um den Wunsch nach Dauer per se, sondern nach Dauer bei emotionaler, intimer und sexueller Intensität geht (vgl. S. 33f.). Diese gestiegenen Ansprüche an die Qualität von Beziehungen sind, so paradox es klingt, ein Grund für ihre zunehmende Instabilität. Oft klingen die Gründe für solche Trennung in der Retrospektive merkwürdig unüberzeugend und werden lakonisch oder auch etwas ratlos vorgebracht. Hier sind einige Beispiele:

> „Wir hatten uns auseinander gelebt, wir waren noch zu jung, so richtig wissen wir das gar nicht, wenn wir darüber reden." (30-jährige Leipzigerin, nach 6 Jahren getrennt, ein Kind)

„Wenn ich das wüsste, hatten uns auseinander gelebt." (45-jähriger Hamburger, nach 9 Jahren getrennt, ein Kind)

„Es gab unterschiedliche politische Ansichten und unser Sexualleben war stark zurückgegangen." (60-jähriger Leipziger, nach 20 Jahren getrennt, zwei Kinder)

„Wir waren zu unterschiedlich, er ist einfach ein totaler Chaot und ich passe auch nicht in sein Lebensbild rein, wir konnten nicht zusammen leben." (30-jährige Hamburgerin, nach 8 Jahren getrennt, ein Kind)

„Unterschiedliche Lebensauffassungen, ich war ihm auch zu anstrengend." (45-jährige Leipzigerin, nach 10 Jahren getrennt, ein Kind)

„Sehr unterschiedliche Interessenlagen." (60-jähriger Leipziger, nach 27 Jahren getrennt, drei Kinder)

„Ich habe meinen neuen Partner kennen gelernt. Fühlte mich schon lang nicht mehr wohl. Durch meinen neuen Partner fühlte ich mich gestärkt für den neuen Schritt. Mir fehlte lange der Mut und die Einsicht" (60-jährige Leipzigerin, nach 26 Jahren getrennt, zwei Kinder)

„Meine Frau war in der Phase der Selbstverwirklichung und fand die Ehe nicht mehr zeitgemäß und akzeptabel. Ich wollte das nicht, hätte vieles mit ihr vereinbart, ihre Außenbeziehungen akzeptiert. Sie wollte raus." (60-jähriger Hamburger, nach 13 Jahren getrennt, ein Kind)

Wie stark eine Lebensgeschichte als Ganzes von einer Trennung mit Kindern beeinflusst und aus der Bahn geworfen wird, lässt sich auf Grund der hier erhobenen Daten nur oberflächlich abschätzen. Immerhin geben mehr als die Hälfte aller Befragten an, sie seien lange nicht über die Trennung hinweggekommen, und ein Viertel ist der Meinung, dass ihr Leben durch die Trennung noch immer belastet wird. Auch in der Gesamtbilanz ihrer Lebensgeschichte äußern sich Befragte, die sich schon einmal aus einer Beziehung mit Kindern getrennt haben, kritischer.

Gleichgeschlechtliche Beziehungen

Bisher haben wir feste Beziehungen unabhängig davon betrachtet, ob sie gegen- oder gleichgeschlechtlich sind. Die mögliche Besonderheit schwuler und lesbischer Beziehungen geht dabei in der großen Mehrheit heterosexueller Partnerschaften unter. Lassen unsere Daten Aussagen über die Differenz zu?

17 schwule Männer und 5 lesbische Frauen haben sich an unserer Studie beteiligt. Alle lesbischen Frauen (es war übrigens keine 60-Jährige dabei) lebten zum Zeitpunkt der Befragung in einer festen Beziehung, die drei bis 15 Jahre andauerte. Ihre Zahl ist zu niedrig, um weitere Aussagen über sie zu machen. Für die homosexuellen Männer lassen sich einige Trends aufzeigen, die in Tabelle 3.17 zusammengefasst sind:

- Schwule Männer lebten zum Zeitpunkt der Befragung etwa genauso häufig in festen Beziehungen wie heterosexuelle Männer. Der Wechsel fester Beziehungspartner ist bei ihnen und Heteromännern gleich häufig, die Beziehungsdauer gleich- und gegengeschlechtlicher Beziehung ist etwa gleich lang. Schwule Männer haben, bezogen auf ihr ganzes bisheriges Leben, etwas länger als Single gelebt. Insgesamt sind Unterschiede im Beziehungsverhalten homosexueller und heterosexueller Männer heute bemerkenswert gering.

– Schwule Männer haben erheblich mehr Sexualpartner als heterosexuelle, und zwar sowohl in den Singlephasen als auch dann, wenn sie in festen Beziehungen leben (vgl. dazu u.a. auch Blumstein und Schwartz 1983; Schäfer und Schmidt 2000). Im Vergleich zu den Heterosexuellen organisieren Homosexuelle also einen größeren Anteil ihrer Sexualität außerhalb fester Beziehungen. Betrachtet man, wie wir es gleich im nächsten Kapitel tun werden, die „sexuellen Universen" einer Gruppe, d.h. deren Sexualakte mit Anderen in den letzten vier Wochen, dann ist aber auch dieser Unterschied relativ: Bei den heterosexuellen Männern erfolgen etwa 95% aller Geschlechtsverkehre in festen Beziehungen, bei den schwulen sind es mit 83% zwar weniger, aber immer noch die große Mehrzahl.

Tab. 3.17: Homosexuelle und heterosexuelle Männer: Beziehungen und Sexualpartner[1]

	Homo-sexuelle Männer	Hetero-sexuelle Männer	Sign. (p)
feste Beziehungen			
lebt gegenwärtig in fester Beziehung (%)	76	80	ns
Anzahl aller bisherigen festen Beziehungen (M)	3.5	3.6	ns
Dauer aller bisherigen Beziehungen (M in Jahren)[2]	6.4	6.0	ns
Summe aller Beziehungsjahre (M in Jahren)	20	22.4	ns
Summe aller Singlejahre (M in Jahren)[3]	6.4	4.2	.10
Sexualpartner/innen			
Mehr als 20 Sexualpartner/innen (%)	71	19	.000
Beziehungen mit mehr als 5 Affären (%)[2]	20	5	.000
Singleperioden mit mehr als 5 Sexualpartnern/partnerinnen (%)[4]	58	14	.000

Die Fallzahlen betragen n=17 bzw. n=334. Die drei Altersgruppen wurden zusammengefasst, die Altersverteilungen homo- und heterosexueller unterscheiden sich nicht.
1 Zu Grunde gelegt werden die Selbstdefinitionen als „homosexuell" bzw. „heterosexuell".
2 Verglichen werden 49 gleichgeschlechtliche feste Beziehungen homosexueller Männer und 1123 gegengeschlechtliche Beziehungen heterosexueller Männer.
3 Nach der ersten festen Beziehung.
4 Verglichen wurden 31 Singleperioden homosexueller Männer (nach der ersten festen Beziehung) und 645 Singleperioden heterosexueller Männer.

Prinzipiell lassen sich zwei Muster fester Beziehungen unterscheiden: (1) sexuelle Exklusivität gilt als unverzichtbarer Bestandteil von Partnerschaften und (2) nicht sexuell-exklusive, „offene" feste Beziehungen werden bejaht (Schäfer und Schmidt 2000). Beide Muster kommen bei schwulen und Heteromännern vor, das offene wird von ersteren aber häufiger und konsequenter gelebt.

Kapitel 4
Sexualleben

Die Tatsache, dass der Beziehungsstatus die wichtigste Determinante der sexuellen Aktivität (mit Partnern) ist (vgl. S. 74), zeigt die enge Verknüpfung von Sexualität und Partnerschaft. Die Unterscheidung von „Beziehungsleben" und „Sexualleben" ist damit eine durchaus künstliche. Sie signalisiert nur den Schwerpunkt der Betrachtung. Aber so wie wir im letzten Kapitel immer wieder auch Daten zur Sexualität dokumentierten, werden wir in diesem Kapitel immer wieder auf Parameter der Partnerschaft rekurrieren.

Sexuelle Universen

Unter einem „sexuellen Universum" verstehen wir die Anzahl aller Sexualakte (also zum Beispiel aller Geschlechtsverkehre) die eine bestimmte Gruppe (zum Beispiel die 30-Jährigen) in einer bestimmten Zeiteinheit (zum Beispiel in den letzten 4 Wochen vor der Befragung) vollzogen hat.

Immer weniger Sex ist ehelich

Betrachten wir zunächst die Universen aller Geschlechtsverkehre (letzte 4 Wochen) unserer Befragten der drei Geburtsjahrgänge und fragen, wie viele dieser Akte ehelich bzw. nichtehelich (also Sexualakte von Männern und Frauen in nichtkonventionellen Beziehungen bzw. von Singles) sind (Abbildung 4.1). Während bei den 60-Jährigen noch die überwiegende Mehrheit der Sexakte ehelich sind, sind es bei den 45-Jährigen nur noch die Hälfte, bei den 30-Jährigen sogar nur noch gut 20%. Das zeigt noch einmal die Freistellung der Sexualität von der Ehe (übrigens auch bei den 60-Jährigen, denn bei ihnen sind immerhin auch schon ein Viertel aller Geschlechtsverkehre nichtehelich). Dieser Befund reflektiert die Zunahme nichtkonventioneller Beziehungen und die Tatsache (vgl. S. 82), dass diese Beziehungen insgesamt eher „sexueller" sind als die ehelichen.

Abb. 4.1: Wie viel Sex ist ehelich?, nach Generation (in %)[1]

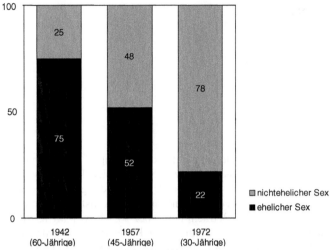

Alle Befragten, die Fallzahlen sind der Tabelle 1.8 zu entnehmen. Männer und Frauen, sowie Hamburger und Leipziger wegen der geringen Unterschiede zusammengefasst.

1 Die Graphik zeigt, wie viel Prozent aller Sexualakte (Partnersex) einer Altersgruppe in den letzten vier Wochen ehelich bzw. nichtehelich sind.

Sexualität als Beziehungsmonopol

Fragen wir als nächstes, wie viele Geschlechtsverkehre in festen Beziehungen (gleich welcher Art), in Außenbeziehungen bzw. bei Seitensprüngen erlebt werden und wie viel die Singles zum sexuellen Universum einer Gruppe beitragen. Etwa 95% der Geschlechtsverkehre erfolgen in festen Beziehungen, 1% in Außenbeziehungen (ein Beleg für die Treueneigung, auf die wir zurückkommen), etwa 5% der Geschlechtsverkehre produzieren die Singles (Abbildung 4.2). Das gilt für Junge und Alte, Männer und Frauen, Hamburger und Leipziger (und auch, wie wir in einer früheren Studie zeigen konnten, für Studentinnen und Studenten, vgl. Schmidt 2000, S. 47f.). Die Unterschiede zwischen den Generationen liegen einzig darin, dass die Jüngeren in mehreren, eher kurzen, meist nicht-ehelichen Beziehungen, die Älteren hingegen in wenigen, eher langen, meist ehelichen Beziehungen sexuell aktiv sind. Übrigens: Die Graphik zeigt noch einmal, wie wenig Sex den Singles bleibt (vgl. S. 74): Sie erwirtschaften 5% aller Sexualakte, stellen aber etwa 25% der Interviewten. Das Fazit ist einfach: Zwar wird der Sex heute nicht mehr von der *Ehe* beschlagnahmt, die *feste Partnerschaft* hat ihn aber nach wie vor fest im Griff.

Abb. 4.2: Feste Beziehungen organisieren die Sexualität, nach Generation (in %)[1]

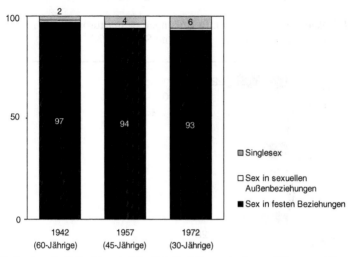

Alle Befragten, die Fallzahlen sind der Tabelle 1.8 zu entnehmen. Männer und Frauen, sowie Hamburger und Leipziger wegen der geringen Unterschiede zusammengefasst.
1 Die Graphik zeigt, wie viel Prozent aller Sexualakte (Partnersex) einer Altersgruppe in den letzten vier Wochen in festen Beziehungen bzw. in Außenbeziehungen (Seitensprünge) vorkommen, oder von Singles „produziert" wurden.

Masturbation und Partnersex koexistieren

Spätmoderne Sexualwelten sind komplex und schwer fixierbar, und so muss der schöne einfache Satz, „die feste Beziehung hat die Sexualität fest im Griff" sofort differenziert werden, wenn wir in die sexuellen Universen nicht nur den Sex mit Anderen, sondern auch die Masturbation einbeziehen. Wir sehen dann, dass die Masturbation heute viel häufiger friedlich mit dem Partnersex koexistiert (Abbildung 4.3).[1] Bei den 30- und 45-jährigen Hamburger Männern, die gegenwärtig in einer festen Beziehung leben, sind 44% aller Sexualakte masturbatorisch, 56% sind Geschlechtsverkehr mit ihrer Frau oder Freundin. Bei den 60-Jährigen sind nur 22% der Sexualakte masturbatorisch. Ähnliche Generationstrends zeigen sich auch bei den Hamburger Frauen und bei den Leipzigern und Leipzigerinnen – und auch bei Befragten, die mit Häufigkeit und Güte ihrer Partnersexualität zufrieden sind. Bei den Frau-

---

1 Zu analogen Befunden sind wir in unserer Drei-Generationenstudie an Studenten gekommen (Dekker und Schmidt 2002; vgl. a. Schmidt 2000). Als erste haben Lauman u.a. (1994, 2001) auf diese Tendenz hingewiesen.

en und Leipzigern/innen ist die Koexistenz beider Sexualformen insgesamt nicht so stark ausgeprägt wie bei den Männern und Hamburgern/innen.

Abb. 4.3: Wie viel Sex in festen Beziehungen ist masturbatorisch?, nach Generation, Geschlecht und Stadt (in %) [1]

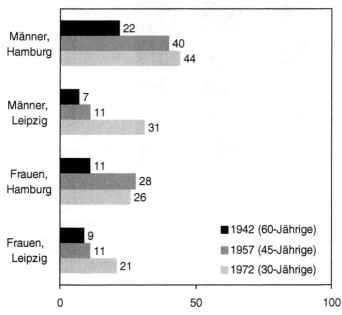

Befragte, die gegenwärtig in einer festen Beziehung leben. Die Fallzahlen sind der Tabelle 1.8 zu entnehmen.

1 Die Graphik zeigt, wie viel Prozent der sexuellen Gesamtaktivität (Partnersex plus Masturbation) einer Gruppe in den letzten vier Wochen masturbatorisch sind.

Die zunehmende Koexistenz von Partnersexualität und Masturbation wird begleitet von einer veränderten Haltung gegenüber der Masturbation. Den Jüngeren gilt sie vornehmlich als eine eigenständige Form der Sexualität, viele Ältere dulden sie, wenn überhaupt, nur als Ersatz für zu wenig oder unbefriedigende Sexualität mit der Partnerin oder dem Partner (Abbildung 4.4):

- „Masturbation soll in festen Beziehungen nicht vorkommen", sagen 20% der 60-Jährigen, aber nur 4% der 30-Jährigen, die gegenwärtig in einer festen Beziehung leben.
- „Masturbation soll in festen Beziehungen nur als Ersatz vorkommen, also dann, wenn der Sex mit dem Partner oder der Partnerin nicht oder

nicht oft genug möglich ist", sagen 44% der 60-Jährigen, aber nur 17% der 30-Jährigen.
- „Masturbation ist eine eigenständige Form der Sexualität, die in festen Beziehungen unabhängig davon, wie häufig die Partner miteinander schlafen, praktiziert werden kann", sagen 36% der 60-Jährigen, aber 79% der 30-Jährigen.

Männer und Frauen unterscheiden sich in dieser Frage nicht signifikant. Die Leipziger der beiden älteren Generationen sind strenger als die gleich alten Hamburger, bei den 30-jährigen gibt es keine Stadtunterschiede mehr.

Abb. 4.4: „Masturbation ist eine eigenständige Form der Sexualität,..."[1], nach Stadt und Generation (in %)

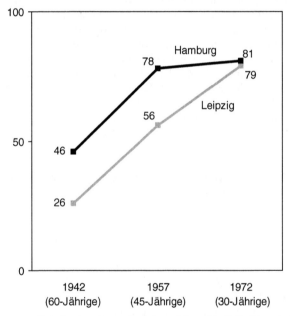

Befragte, die gegenwärtig in einer festen Beziehung leben. Die Fallzahlen sind der Tabelle 1.8 zu entnehmen.
Signifikanz der Generationsunterschiede: für beide Städte p<.000.
Signifikanz der Stadtunterschiede: p<.02 (1942), p<.002 (1957), ns (1972).

1 Bejahung der Aussage: „Masturbation ist eine eigenständige Form der Sexualität, die in festen Beziehungen unabhängig davon, wie häufig die Partner miteinander schlafen, praktiziert werden kann."

Das Vorkommen der Masturbation in den letzten 4 Wochen (Tabelle 4.1) kann als Maß für die „Aktualität" der Masturbation im gegenwärtigen Sexualleben eines Mannes oder einer Frau gelten. Bei etwa drei Vierteln der 30-jährigen, fest liierten Männer und bei der Hälfte der fest liierten Frauen dieser Altersgruppe ist die Masturbation in diesem Sinne „aktuell", bei den 60-Jährigen sind es mit einem Drittel deutlich weniger. Auch hieran wird die zunehmende Koexistenz von Masturbation und Partnersex deutlich. Es ist bemerkenswert, dass das Masturbationsvorkommen in festen Beziehungen weder mit der Koitusfrequenz noch mit der Zufriedenheit mit der partnerschaftlichen Sexualität korreliert (Tabelle 4.2). In Partnerschaften mit hoher Frequenz und hoher Zufriedenheit ist die Masturbation genauso „aktuell" wie in Beziehungen mit niedriger Frequenz und Zufriedenheit. Als Ersatz oder Kompensation spielt die Selbstbefriedigung also eine geringe Rolle. Das zeigen auch die Angaben zur Motivation: Über 90% der Männer und Frauen sagen, dass sie „einfach Lust dazu hatten", nur Minderheiten, dass sie mit der Masturbation eine zu geringe oder unbefriedigende Partnersexualität kompensieren wollten (Tabelle 4.3). Im übrigen wird die Masturbation überwiegend positiv erlebt („sexuell befriedigend", „entspannend"), Schuldgefühle gegenüber dem Partner oder der Partnerin sind sehr selten (Tabelle 4.3). Mit der Akzeptanz der Masturbation in der festen Beziehung wächst die Bereitschaft zur Offenheit: 76% der jungen Hamburger Männer und Frauen sagen, dass die Partnerin bzw. der Partner wisse, dass er oder sie gelegentlich masturbieren. Bei den 60-jährigen Hamburgern bzw. Leipzigern sind dies nur 30%.

Tab. 4.1: Masturbationsvorkommen in den letzten vier Wochen bei Befragten in fester Beziehung, nach Generation und Geschlecht (in %)[1]

	1942 (60-Jährige)	1957 (45-Jährige)	1972 (30-Jährige)	Sign. (p)
Männer	29	60	77	.000
Frauen	32	45	48	.03
Sign.(p)	ns	.03	.000	

Die Fallzahlen sind der Tabelle 1.8 zu entnehmen.

1 In den letzten 4 Wochen mindestens 1 Mal masturbiert.

Tab. 4.2: Masturbationsvorkommen in den letzten 4 Wochen bei Befragten in fester Beziehung, nach Geschlecht und Parametern der Partnersexualität (in %)[1,2]

	1957 und 1972 (45-und 30-Jährige)	
	Männer	Frauen
Qualität der Partnersexualität[3]		
sehr gut oder gut (Note 1-2)	68	47
weniger gut bis ungenügend (Note 3-6)	71	48
	ns	ns
Koitusfrequenz (letzte 4 Wochen)		
weniger als 1 Mal pro Woche	70	55
1-2 Mal pro Woche	69	36
2 und mehr Mal pro Woche	68	49
	ns	ns

1   In den letzten 4 Wochen mindestens 1 Mal masturbiert.
2   Nur die Jahrgänge 1957 und 1972, da in der Gruppe der 60-Jährigen überzufällig viele Probanden mit geringer Koitusfrequenz, geringer Zufriedenheit und niedriger Masturbationsaktivität sind und die hier untersuchten Variablen konfundiert würden.
3   Beurteilung der Partnersexualität auf einer 6 stufigen Skala („Schulnoten") von 1=sehr gut bis 6=ungenügend.

Tab. 4.3: Masturbation in fester Beziehung: Beweggründe und Erleben, nach Geschlecht (in %)[1]

	Männer n=188	Frauen n=175	Sign.(p)
Beweggründe: „Ich machte es, ...			
...weil wir zu selten Sex hatten."	36	29	ns
...weil unsere Sexualität unbefriedigend ist."	9	15	.06
...weil ich einfach Lust dazu hatte."	94	96	ns
Erleben:			
„Ich war danach sexuell befriedigt."	78	88	.02
„Ich war danach enttäuscht."	7	4	ns
„Ich war danach entspannt und gelöst."	85	90	ns
„Ich hatte ein schlechtes Gewissen."	5	5	ns
„Ich hätte lieber mit (...)[2] geschlafen."	62	45	.001

Nur Befragte, die in den letzten 12 Monaten masturbierten.

1   Antworten auf den Fragenkomplex: „Denken Sie bitte an das letzte Mal, als Sie Selbstbefriedigung gemacht haben, was dachten und was fühlten Sie? Sagen Sie mir bitte für jede Aussage der Liste, die ich Ihnen gleich gebe, ob Ihre Antwort Ja oder Nein ist."
2   (...) Name des Partners oder der Partnerin.

Weniger Frauen als Männer sagen, dass sie „beim letzten Mal" lieber mit dem Partner geschlafen hätten als sich selbst zu befriedigen (Tabelle 4.3). Das verwundert nicht, da Frauen die Masturbation in Relation zum Geschlechtsverkehr als etwas befriedigender erleben und bei der Masturbation deutlich häufiger zum Orgasmus kommen als beim Koitus (Abbildung 4.5). Männer sind bei beiden Sexualformen gleichermaßen orgastisch und erleben den Koitus häufiger als befriedigend als die Masturbation. Wir bestätigen damit eine in sexualwissenschaftlichen Studien immer wieder gemachte Beobachtung: Für Frauen ist in der statistischen Tendenz die Masturbation sexuell effektiver als der Koitus.

Masturbation ist eine andere Möglichkeit als Untreue oder „casual Sex", die Sexualität aus der Partnerschaft auszulagern, deshalb ist ihre Koexistenz mit der Partnersexualität interessant. Wahrscheinlich spiegelt sich dann zweierlei: *Zum einen* das von Weeks u.a. (2001) beschriebene Bemühen, in modernen Partnerschaften immer wieder eine Balance zwischen persönlicher Autonomie und starker emotionaler (intimer) Verbundenheit herzustellen, und die Masturbation repräsentiert ein Stück Autonomie in diesen intensiven und zugleich ungewissen neuen Beziehungen. *Zum anderen* spiegelt sich in der beschriebenen Koexistenz die Tendenz wider, in der Sexualität weniger einen Trieb zu sehen, der ruhig gestellt werden muss, als eine Ressource, derer man sich vielfältig, einfallsreich und zu vielerlei Zwecken bedienen kann (Schmidt 2004). Und Masturbation und Phantasie sind eine leicht verfügbare und den Partner wenig verletzende Möglichkeit, dies zu tun.

Abb. 4.5: Sexuelle Befriedigung und Orgasmus bei der Masturbation und beim Koitus, nach Geschlecht (in %) [1]

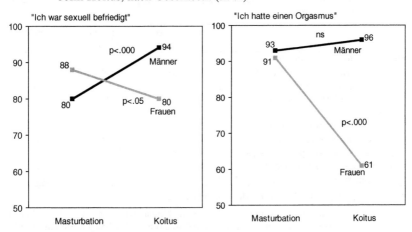

Fallzahlen: n=168 (Männer), n=156 (Frauen).
Signifikanz der Geschlechtsunterschiede für „Ich war sexuell befriedigt": Masturbation p<.04, Koitus p<.000.
Signifikanz der Geschlechtsunterschiede für „Ich hatte einen Orgasmus": Masturbation ns, Koitus p<.000.

1 Angaben zur letzten Masturbation bzw. zum letzte Koitus. Nur Befragte, die gegenwärtig in einer festen Beziehung leben und die in den letzten 12 Monaten beide Sexualformen praktizierten.

Sexualität im Verlauf heterosexueller Beziehungen

Beziehungsdauer und sexuelle Aktivität

Bei der Analyse des Zusammenhanges von Beziehungsdauer und sexueller Aktivität ist zunächst zu bedenken, dass Alter und Beziehungsdauer hoch korreliert sind – in unserer Studie mit r = .75 -, da ältere Probanden eine viel größere Wahrscheinlichkeit haben, in langen Beziehungen zu leben. Wenn man den Effekt der Beziehungsdauer und/oder des Alters untersuchen will, muss man beide simultan analysieren, sonst interpretiert man Beziehungseffekte als Alterseffekte und vice versa. Die älteren Surveys, beispielhaft sind hier die Kinsey-Reporte (Kinsey et al. 1948, 1953) zu nennen, tun dies in der Regel nicht. Sie betrachten nur das Alter und überschätzen damit den Einfluss, den das Alter auf die sexuelle Aktivität oder auch auf das Vorkommen sexueller Störungen oder Probleme hat, ganz erheblich. Kinsey war sich dieses Problems durchaus bewusst, wenn er eher beiläufig anmerkt: „Long time marriage provides the maximum opportunity for repitition of a relatively uniform sort of experience. It is not surprising that there should be some loss of interest in the activity among older males, even if there were no aging process to accelerate it" (Kinsey et al. 1948: 257). Er untersucht diese Zusammenhänge aber nicht genauer, sondern konstatiert, ganz Biologe, dass „biologic aging must be the main factor involved" (ebd.).[2]

Die neueren Surveys aus England (Johnson et al. 1994:155f), Finnland (Kontula und Haavio-Mannila 1995: 99f) und Frankreich (Bozon 1998, 2001) sowie unsere Studentenstudie (Schmidt 1998, Klusmann 2000, 2002) kommen in multivariaten Analysen zu dem Schluss, dass der Effekt des Alters auf die Koitusfrequenz zumindest bis zum Alter von 45 Jahren geringer ist als der Effekt der Beziehungsdauer.[3] Unsere Daten bestätigen diesen Befund und erweitern ihn auf höhere Altersgruppen (Abbildung 4.6). Die Graphik zeigt zweierlei: *Zum einen* sinkt in allen drei Altersgruppen die Koitusfrequenz mit der Beziehungsdauer; dieser Effekt ist („altersbereinigt") hoch signifikant. *Zum anderen* haben 30-, 45- und 60-Jährige, die in gleich langen Beziehungen leben, in etwa die gleichen mittleren Koitusfrequenzen; der Alterseffekt ist („Beziehungsdauer-bereinigt") statistisch insignifikant.[4] Nach dem Bezie-

---

2   Bei Kinsey taucht das Merkmal „Beziehungsdauer" nur einmal auf, und zwar bei der Analyse der Orgasmushäufigkeit der Frau (Kinsey et al. 1953, S. 383f).
3   Die Autoren des US-amerikanischen Surveys (Laumann et al. 1994) untersuchen den Einfluss der Beziehungsdauer hingegen nicht, sondern in Kinsey'scher Tradition nur das Alter.
4   Kritisch zu bedenken ist, dass wir hier (wie die anderen Surveys auch) pseudolongitudinale Daten analysieren. Eine exakte Analyse wäre nur möglich, wenn man die Koitusfrequenzen derselben Befragten in den Abschnitten x bis n ihrer Partnerschaft untersuchte, also für jeden Befragten Wiederholungsmessungen erhebt. Pseudo-

hungsstatus (vgl. S. 74) ist die Dauer der Beziehung die wichtigste der hier untersuchten Determinanten der sexuellen Aktivität, einflussreicher als das Alter der Befragten.

Abb. 4.6: Koitusfrequenz in den letzten 4 Wochen, nach Alter und Beziehungsdauer (M)[1]

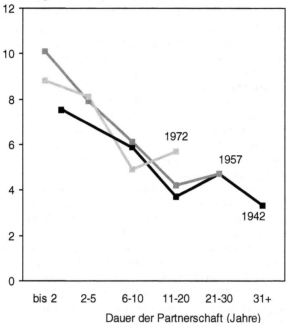

Die Fallzahlen variieren von n=8 (1942, bis 5 Jahre) bis n=115 (1942, 31 und mehr Jahre). Signifikanzen (Anova): Alter ns, Dauer p<.001, Interaktion ns.

1 Für den Jahrgang 1942 wurde alle Beziehungen bis zu einer Dauer von 5 Jahren wegen der geringen Fallzahlen zusammen gefasst.

Das Muster des Verlaufs sexueller Aktivität in festen Beziehungen wird noch prägnanter, wenn wir, wie in Abbildung 4.7, die Daten für die drei Altersgruppen zusammenfassen. Das ist zulässig, weil der Alterseffekt, wie gezeigt, zu vernachlässigen ist. Die Kurven zeigen das gleiche Muster, das Bozon (2001) beschrieben hat: Die Koitusfrequenz sinkt keineswegs kontinuierlich

---

longitudinale Studien können die Ergebnisse durchaus verzerren, z.B. in dem hypothetischen Fall, dass Männer und Frauen, die zu langen Beziehungen neigen, sexuell weniger aktiv oder motiviert sind als solche, die zu hoher Beziehungsfluktuation neigen und mithin eher in kürzeren Partnerschaften leben (vgl. dazu Klusmann 2000: 151f).

mit der Beziehungsdauer. Vielmehr kommt es zu einer deutlichen Abnahme in den ersten 6 Beziehungsjahren, während in den folgenden 20-25 Beziehungsjahren die Koitusfrequenz relativ stabil bleibt. Anders ausgedrückt: Die Koitusfrequenz ist besonders hoch in der Paarbildungsphase (in den ersten beiden Jahren), deutlich niedriger, aber konstant, in etablierten Partnerschaften (6-30 Jahre). Die Abnahme der Koitusfrequenz geht einher mit tiefreifenden Veränderungen der Emotionalität des Paares. Wir fragten die Männer und Frauen, die in einer etablierten Partnerschaft lebten, was sie im Verlauf ihrer Beziehung verloren und was sie gewonnen haben. Die dominante Antwortfigur, die in vielen Variationen auftaucht, lässt sich idealtypisch so formulieren: „Verloren haben wir die emotionale Lebendigkeit und Leichtigkeit des Anfangs, gewonnen haben wir Bindung" (vgl. Beispiele in Tabelle 4.4).

Abb. 4.7: Koitusfrequenzen in den letzten 4 Wochen nach Dauer der Beziehung: Gesamtdarstellung (M, Md)[1]

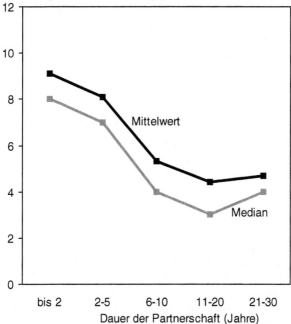

Die Fallzahlen variieren von n=52 (bis 2 Jahre) bis n=113 (2-5 Jahre).
Signifikanzen: Mittelwert (Anova): p<.000, Median (Mediantest) p<.000.
1 Die Kategorie „31 Jahre und länger" wird hier nicht berücksichtigt, da in dieser Gruppe nur 60-Jährige sind.

Tab. 4.4: Veränderungen der Emotionalität in etablierten Beziehungen. Antworten (Beispiele) auf die freie Frage: „Es kann im Verlauf von Beziehungen dazu kommen, dass man etwas verliert, dafür aber etwas Neues gewinnt. Was haben Sie in Ihrer Beziehung verloren?" „Und was haben Sie in Ihrer Beziehung gewonnen?"[1]

Verloren „Das Kribbeln";
Gewonnen „Tiefes Vertrauen und Sicherheit" (30-jähriger Hamburger, seit 7 Jahren in fester Beziehung)

Verloren „Neugierde, Spontaneität, das unmittelbare Verknalltseingefühl, der Reiz des Neuen";
Gewonnen „Vertrauen und Vertrautheit, Sicherheit, tiefere Form der Liebe" (30-jähriger Hamburger, seit 9 Jahren in fester Beziehung)

Verloren „Verloren habe ich die Schmetterlinge im Bauch, den Drang nach etwas Neuem in Bezug auf die Sexualität";
Gewonnen „Eine sehr gut funktionierende Beziehung, in der man sich wohl fühlt" (30-jährige Leipzigerin, seit 12 Jahren in fester Beziehung)

Verloren „Dieses Prickeln, spontanen Sex, Aufmerksamkeit für den Anderen";
Gewonnen „Verlässlichkeit, Sich besser kennen, sich trauen, etwas anzusprechen, Offenheit, Zuversicht" (30-jährige Hamburgerin, seit 11 Jahren in fester Beziehung)

Verloren „Spontaneität, Unbekümmertheit, Glaube, dass alles möglich ist, Verliebtsein hat abgenommen";
Gewonnen „Verlässlichkeit, Vertrauen zueinander, Sicherheit dadurch, Zuneigung, Sympathie für einander" (45-jähriger Hamburger, seit 13 Jahren in fester Beziehung)

Verloren „Spontaneität, Routine ist größer geworden durch den Alltag";
Gewonnen „Vertrauen, offene Sexualität, dass man darüber spricht" (45-jähriger Leipziger, seit 25 Jahren in fester Beziehung)

Verloren „Sexualität geht verloren und Verliebtheit, Schmetterlinge im Bauch";
Gewonnen „Also einen tollen Partner, Ausgeglichenheit, Kinder, sehr viel Vertrauen, Zuneigung, ein Gefühl von zu Hause" (45-jährige Hamburgerin, seit 17 Jahren in fester Beziehung)

Verloren „Das Überschäumende, das gewisse Unbekannte, Kribbeln im Bauch";
Gewonnen „Wir kennen uns besser, können sensibel aufeinander reagieren, Rücksicht, tiefere Sexualität" (45-jährige Leipzigerin, seit 24 Jahren in fester Beziehung)

Verloren „Schleicht sich Gewohnheit ein, die Neugierde aufeinander geht verloren";
Gewonnen „Sicherheit, Vertrautheit miteinander" (60-jähriger Hamburger, seit 26 Jahren in fester Beziehung)

Verloren „Intensive Sexualität, das Unbefangene, Wilde, Lustvolle, nicht mehr der spontane Kick, nicht mehr so spannend";
Gewonnen „Liebe, Vertrauen, sich kennen. Mehr Wissen über die Bedürfnisse des anderen, kein Orgasmusproblem, weil man weiß, wie man sich gegenseitig sexuelle Erfüllung verschafft" (60-jähriger Leipziger, seit 30 Jahren in fester Beziehung)

> *Verloren* „Dieses Feuer, das es am Anfang so gab, dieses Neue ist weg, das Spontane, es ist viel Gewohnheit geworden";
> *Gewonnen* „Vertrauen, Selbstvertrauen, kann so sein wie ich will, Verlustängste habe ich verloren" (60-jährige Hamburgerin, seit 8 Jahren in fester Beziehung)
>
> *Verloren* „Das Kribbeln im Bauch, die Überraschung, Routine hat sich eingeschlichen";
> *Gewonnen* „Ruhe, Geborgenheit, Zufriedenheit, Glück, Dankbarkeit" (60-jährige Hamburgerin, seit 37 Jahren in fester Beziehung)

1 Befragte, die 6 Jahre und länger in einer festen Beziehung leben.

Üblicherweise werden die niedrigeren Koitusfrequenzen etablierter Paare auf eine Abnahme erotischer Spannungen durch Gewohnheit, Routine und auf zunehmende Belastungen durch Kinder oder Arbeit zurückgeführt. Solche Annahmen sind durchaus plausibel, aber keineswegs hinreichend, denn sie können beispielsweise die Konstanz der Koitusfrequenz etablierter Paare über lange Jahre der Beziehung kaum erklären (vgl. Bozon 2001). Zudem stellt ein solcher Erklärungsansatz lediglich die Frage, warum lang Liierte „es so selten machen", und erklärt damit unversehens ihre Sexualität für defizitär und die hohen Frequenzen in der Paarbildungsphase generell für wünschenswert, auch in Langzeitbeziehungen. Fragt man hingegen (auch), warum die erst kurz Liierten „es so oft machen", dann ergeben sich Interpretationen jenseits von „Gewohnheit" und „Belastung". Es wird dann deutlich, dass der Sexualität in verschiedenen Phasen der Partnerschaft offenbar unterschiedliche Bedeutungen zugeschrieben werden. In der Phase der Paarbildung ist Sexualität die prominente Möglichkeit, Intimität zu erleben und auszudrücken und eine intime Beziehung aufzubauen sowie zu erkunden, ob dies mit diesem Partner oder dieser Partnerin möglich ist. Der häufige Sex trägt bei „to the weaving of the relationship through mutual discovery" (Bozon 2001: 16) und ist Teil der für diese Phase typischen emotionalen Lebendigkeit. Etablierte Paare haben sich entschieden (vorerst zumindest) zusammen zu bleiben, sie haben ein stärkeres Gefühl der Bindung, eine gemeinsame Geschichte, mehr Sicherheit, und ein größeres Repertoire, Zusammengehörigkeit, Verbindlichkeit, Nähe und Geborgenheit zu erleben. Kinder und äußere Umstände (Zusammenwohnen, Besitz, ein gemeinsames Haus, gleiche soziale Netzwerke) machen Beziehungen schwerer kündbar. Häufiger Sex wird für den Zusammenhalt weniger zentral; aber eine kontinuierliche Sexualität bleibt zur Definition des Paares als „Liebespaar", zur Unterscheidung von anderen nahen Beziehungen und als Marker der Besonderheit wichtig. Markiert ist diese Besonderheit offenbar auch schon dann, wenn man nur hin und wieder miteinander schläft. „A maintenance ritual", sagt Bozon (2001: 17), „does not require the same high frequency of intercourse as a foundations-building activity". Entsprechend nimmt der Stellenwert der Sexualität für die Beziehung mit der Beziehungsdauer ab (Tabelle 4.5, Zeile 3).

Tab. 4.5: Zufriedenheit mit der Beziehung und mit der gemeinsamen Sexualität im Verlauf von Beziehungen (in %)

	Dauer der Beziehung					
	bis 2 Jahre n=85	3-5 Jahre n=79	6-10 Jahre n=85	11-20 Jahre n=94	21-30 Jahre n=112	Sign. (p)
Beziehungszufriedenheit „sehr hoch"[1]	72	70	55	54	57	.05
Qualität des Sexuallebens „sehr gut/gut"[2]	80	75	62	57	60	.004
Sex ist für die Beziehung „sehr wichtig/wichtig"[3]	88	76	69	63	64	.001

1 Befragte, die als „sehr hoch" eingestuft werden, mussten drei Bedingungen erfüllen: (1) sie fühlen sich mit ihrem Partner/ ihrer Partnerin „sehr wohl"; (2) sie sind in der Beziehung heute „ebenso zufrieden" oder „zufriedener" als am Anfang; (3) sie beantworten die Frage, ob sie sich für ihren Partner/ ihre Partnerin heute noch einmal entscheiden würden, uneingeschränkt mit „ja".
2 Antworten auf die Frage „Angenommen, es gäbe so etwas wie Noten für die sexuelle Qualität Ihrer Beziehung, welche Note von 1 (sehr gut) bis 6 (ungenügend) würden Sie geben?"
3 Antworten auf die Frage: „Wie wichtig ist Sexualität gegenwärtig für Ihre Beziehung?"

Verändern sich Beziehungszufriedenheit und subjektive Qualität der gemeinsamen Sexualität ebenfalls mit der Beziehungsdauer? Ja, Befragte in der Paarbildungsphase beurteilen beides noch positiver als Befragte in etablierten Partnerschaften (Tabelle 4.5). Wie bei den Koitusfrequenzen ist der Zusammenhang nicht linear: Die Absenkung der sexuellen und Beziehungszufriedenheit erfolgt in den ersten 5 Jahren, dann bleibt sie über 20 – 25 Jahre im Durchschnitt stabil. Die Korrelation mit der Beziehungsdauer ist für diese Merkmale zudem deutlich geringer als für die Koitusfrequenz. So sinkt die mittlere Note für die Qualität der gemeinsamen Sexualität lediglich von 2,0 (Paarbildungsphase) auf 2,5 (etablierte Paare), also von „gut" auf „gut bis befriedigend". Offenbar fühlen sich die meisten etablierten Paare durch die gesunkenen Koitusfrequenzen nicht besonders beeinträchtigt.

„Gendering" sexueller Wünsche im Verlauf von Beziehungen

In unserer Studie an studentischen Erwachsenen (Schmidt 1998, Klusmann 2000, 2002) fanden wir, dass mit der Dauer der Beziehung nicht nur die Koitusfrequenzen abnehmen, sondern sich auch eine geschlechtstypische Polarisierung sexueller und zärtlicher Wünsche entwickelt: In der Paarbildungsphase haben Männer und Frauen ein gleich starkes Verlangen nach Sex und Zärtlichkeit, bei etablierten Paaren ist der Wunsch nach Sex bei den Männern größer als bei ihren Partnerinnen, der Wunsch nach Zärtlichkeit hingegen bei den Frauen größer als bei ihren Partnern. Ganz analog beschreibt Bozon (2001) ein im Verlauf der Partnerschaft zunehmendes „Gendering" im Hinblick auf sexuelle Initiative und Bereitschaft zur Sexualität.

Abbildung 4.8 belegt, dass wir diese Befunde in unserer jetzigen Studie replizieren können. In der Paarbildungsphase stehen sich in der Regel ein Mann und eine Frau gegenüber, die beide gleichermaßen „oft Sex" haben und „einfach nur zärtlich" sein wollen. Mit der Etablierung der Partnerschaft wird der Wunsch nach häufigem Sex eher typisch für den Mann, der Wunsch nach Zärtlichkeit eher typisch für die Frau, und es kommt häufiger als am Anfang der Beziehung vor, dass Männer öfter Sex haben wollen als Frauen. Man kann von einer Retraditionalisierung der Geschlechtsrollen im Verlauf der Partnerschaft sprechen, die ja auch für andere Bereiche (Berufstätigkeit, Arbeitsteilung im Haushalt) – vor allem nach der Geburt des ersten Kindes – beschrieben werden (u.a. Peuckert 2004; vgl. S. 100 in diesem Buch). Bozon (2001) vermutet einen Zusammenhang zwischen der Retraditionalisierung im sexuellen und im nicht-sexuellen Bereich. Das ist nach unseren Studien aber eher unwahrscheinlich: Das „Gendering" sexueller und zärtlicher Wünsche in etablierten Partnerschaften ist auch bei kinderlosen Befragten und bei jungen Befragten (Studierenden, 30-Jährigen mit eher nichtkonventionellen Rollenkonzepten, Schmidt 1998) zu beobachten.

Da Sexualität heute als eine mutuelle Aktivität aufgefasst wird, die nur dann erfolgen sollte, wenn beide es wollen, könnte die geschlechtstypische Diskrepanz sexueller Wünsche bei etablierten Paaren deren geringere Koitusfrequenzen mitbedingen. Tabelle 4.6 belegt, dass diese Diskrepanz zur Absenkung der Koitusfrequenz beiträgt, sie aber keineswegs ganz erklärt: Die Dauer der Beziehung hat auch dann einen deutlichen Effekt auf die Koitusfrequenz, wenn man Beziehungen vergleicht, in denen die sexuellen Wünsche reziprok bzw. nicht reziprok sind.

Abb. 4.8: Der Wunsch nach Sex und Zärtlichkeit im Verlauf von Beziehungen bei Männern und Frauen (in %)

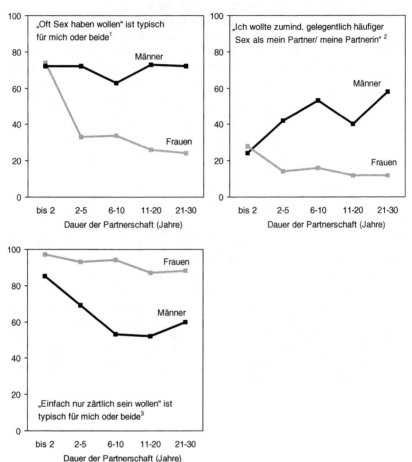

Die Fallzahlen variieren zwischen n=33 (Männer, 11-20J) und n=60 (Frauen, 11-20 J).

1 Signifikanz der Unterschiede nach Dauer: Männer ns, Frauen p<.001; Signifikanz der Geschlechtsunterschiede: bis 2 J. ns, alle anderen p<.01.
2 In den letzten 12 Monaten. Signifikanz der Unterschiede nach Dauer: Männer p<.01, Frauen ns; Signifikanz der Geschlechtsunterschiede: bis 2 J. ns, alle anderen p<.01.
3 Signifikanz der Unterschiede nach Dauer: Männer p<.004, Frauen ns; Signifikanz der Geschlechtsunterschiede: bis 2 J. p<.07, alle anderen p<.01.

Tab. 4.6: Koitusfrequenzen in den letzten 4 Wochen im Stadium der Paarbildung und in etablierten Beziehungen, nach dem „Gendering" sexueller Wünsche (M)

	Paarbildung (bis 2 Jahre)	Etablierte Paare (6-30 Jahre)
„Oft Sex haben wollen" ist typisch für		
beide	11.4	6.7
Mann	6.8	4.9
Frau	6.5	5.6
keinen	4.6	2.8

Die Fallzahlen variieren zwischen n=10 (Paarbildung, Mann) und n=103 (etablierte Paare, Mann).
Signifikanz (Anova): „Oft Sex haben wollen" p<.000, Beziehungsstadium p<.001, Interaktion p<.06.

Klusmann (2000, vor allem 2002) hat differenzierte sozial-, partner- und evolutionspsychologische Überlegungen präsentiert, um das „Gendering" sexueller Wünsche zu erklären. Letztlich kommt er zu keinem Ergebnis: „Nevertheless, at the end of this discussion the question of how to account for the gender-specific relation between sexual desire and duration of partnership seems still open to me." (2002: 286). Uns erscheint eine partnerdynamische Spekulation erwägenswert: Männer beunruhigt das Absinken der Koitusfrequenz stärker als Frauen, da eine hohe Frequenz bei ihnen stärker mit Selbstwertgefühl und dem Bild von „Männlichkeit" verbunden ist. Die Vorstellung, „ich will ja eigentlich mehr" ist für ihn in dieser Situation ein Trost, den die Frau offenbar gerne gewährt. Der Mann gelangt so in eine offensive, die Frau in ein defensive Rolle – er drängt, sie setzt Grenzen -, wodurch die Einschätzung, der Mann wolle mehr, stabilisiert wird. Arbeitsteilig übernimmt die Frau die Verantwortung für die Zärtlichkeit. So gesehen wäre das „Gendering" der Intimität im Verlauf der Partnerschaft eine Anpassungsleistung des Paares an seine sinkende sexuelle Aktivität. Wie immer das „Gendering" auch zu erklären ist, es ist mit negativen Folgen für das Paar verbunden. Vergleicht man die (relativ wenigen) etablierten Paare, bei denen Männer und Frauen gleichermaßen „oft Sex" wollen, mit den (vielen) Etablierten, bei denen das sexuelle Verlangen vor allem dem Mann zugeschrieben wird, dann zeigt sich, dass letztere die Qualität ihrer gemeinsamen Sexualität signifikant geringer einschätzen, ihr Sexualleben signifikant häufiger als belastend empfinden und signifikant häufiger sexuelle Probleme haben, unter denen sie leiden. Das gilt für Männer wie für Frauen. Das Aufrechterhalten reziproken Verlangens ist zweifellos eine gute Voraussetzung für eine gelungene Sexualität.

Vervielfältigung sexueller Praxen?

Vor allem der mediale Diskurs legt die stetige Zunahme sexueller Möglichkeiten nahe, die Existenz eines unüberschaubaren Angebots in einem „supermarket of sexual possibilities" (Plummer 1996: 15). Die neue Bedeutung der Masturbation, auf die wir oben (S. 115ff.) hingewiesen haben, ist zweifellos ein Beispiel für die behauptete größere Vielfalt des sexuellen Alltags: Sie wird heute häufiger „neben" der Beziehung praktiziert und als eine eigenständige Form der Sexualität aufgefasst (vgl. S. 117), als eine Möglichkeit selbstbestimmter, frei verfügbarer, autonomer, vom Partner oder von der Partnerin unabhängiger, heimlicher, Phantasie geleiteter und durchaus erholsamer Sexualität. Gibt es andere Hinweise auf eine Vervielfältigung sexueller Praxen?

Sexuelle Praktiken heterosexueller Paare

Tabelle 4.7 zeigt für die Befragten in festen heterosexuellen Beziehungen das Vorkommen der gängigsten vier Sexualpraktiken „beim letzten Sex". Hier präsentiert sich zunächst der Vaginalverkehr als Dreh- und Angelpunkt, und zwar in allen Generationen: Nur 3 bis 4% haben beim letzten Mal den Koitus im engeren Sinne *nicht* vollzogen. Manuelle Stimulation ist in allen Generationen allgemein üblich, oraler Sex gehört zumindest in der jüngeren Generation zum Repertoire des Partnersex. Heterosexueller Analverkehr ist ein seltenes Ereignis. Zu bedenken ist allerdings, dass sich alle Zahlen der Tabelle 4.7 auf „das letzte Mal" beziehen. Fragte man nach dem Vorkommen oraler Praktiken, des Analverkehrs oder „nicht-penetrativen" Sex im letzten Monat oder im letzten Jahr, dann käme man selbstverständlich auf deutlich höhere höher Werte. Die präsentierten Zahlen lassen sich auch so lesen: In den beiden jüngeren Generationen kommt es bei 4% aller Sexualakte auch zum Analverkehr und bei jedem zweiten Sexualakt auch zum Oralverkehr.

Wie häufig sind ausgefallenere Praktiken? Sex mit Mehreren oder im Swinger-Club, Partnertausch, SM oder „Crossdressing" beim Sex, werden nur von einer winzigen Minderheit gelegentlich praktiziert (1-2%, vgl. Tabelle 4.7). Deutlich häufiger ist das Experimentieren mit anderen Erfahrungen: Reizwäsche tragen, Sex in der Öffentlichkeit, gemeinsam einen Pornofilm ansehen, einen Dildo oder Kunstpenis beim gemeinsamen Sex benutzen oder Fesselspiele (die von den Befragten nicht als sadomasochistisch gewertet werden). Von den 30-Jährigen haben im letzten Jahr 12-40% zumindest gelegentlich solchen Erfahrungen gemacht. Sie sind experimentierfreudiger als die Älteren, vor allem als die 60-Jährigen und die relativ große Vielfalt ihrer Praktiken kann durchaus als Indiz für eine Pluralisierung des Sexualverhaltens in der jüngeren Generation gewertet werden. Männer und Frauen berichten etwa gleich häufig über diese Erfahrungen. Auch Hamburger und Leipziger unterscheiden sich nur geringfügig, wenn man einmal davon absieht, dass letztere häufiger ein Faible für Reizwäsche haben.

Tab. 4.7: Sexuelle Praktiken in heterosexuellen Beziehungen, nach Generation (in %)

	1942 (60-Jährige) n=168	1957 (45-Jährige) n=190	1972 (30-Jährige) n=192	Sign.(p)
beim letzten Sex				
Küssen	95	93	98	.04
manueller Sex	78	88	86	.04
Oralsex	29	48	53	.000
Vaginalverkehr	96	97	97	ns
Analverkehr	1	5	3	ns
in den letzten 12 Monaten[1]				
gemeinsam einen Porno sehen	14	18	19	ns
Reizwäsche beim Sex tragen	6	38	41	.000
Sex an öffentlichen Orten	3	11	28	.000
Dildo benutzen	2	10	14	.000
Fesselspiele	0	5	12	.000
SM-Sex	0	2	2	ns
„Crossdressing" beim Sex[2]	1	2	1	ns
Sex zu dritt, Partnertausch	1	2	1	ns

1 Ist mindestens 1 Mal vorgekommen.
2 Tragen der Kleidung des anderen Geschlechts beim Sex.

Lockerung monosexueller Fixierung?

Auch das Konstrukt „sexuelle Orientierung" ist vom Pluralisierungsdiskurs nicht gänzlich unberührt geblieben. Doch noch immer gilt das Gebot der „Monosexualität", also die lebenslange Festlegung auf nur ein Partnergeschlecht als „Megaregel unserer sexuellen Ordnung" (Schmidt 2004: 139). Doch wie zeitgemäß ist es angesichts selbstreflexiv und seriell organisierter Beziehungsbiographien, davon auszugehen, dass die sexuellen Wünsche von Menschen, die sich als homo- oder heterosexuell definieren, stets auf ein und nur ein Geschlecht gerichtet bleiben und dass die sexuelle Orientierung umfassend sowohl sexuelle Identität als auch sexuelles Verhalten bestimmt? Tabelle 4.8 legt nahe, dass sich die einst starre Verknüpfung zwischen Selbstdefinition der eigenen sexuellen Orientierung, gleichgeschlechtlicher Anziehung und gleichgeschlechtlichen sexuellen und Beziehungserfahrungen ein wenig auflockert.

Über die drei Generationen definierten konstant 6% der befragten Männer unserer Stichprobe ihre sexuelle Orientierung als homo- oder bisexuell.[5] Bei den Frauen waren es zumindest in den beiden älteren Generationen deutlich weniger. Diese Zahlen sind zunächst nicht weiter überraschend, befinden sie sich doch innerhalb des seit Kinsey regelmäßig in empirischen Untersuchungen festgestellten Spektrums.[6] In einer streng monosexuellen Ordnung müsste sich diese Festlegung der Identität in den Aussagen zur sexuellen und Beziehungspraxis sowie zu gleichgeschlechtlicher Attraktion und Erotik widerspiegeln. Das trifft aber lediglich für die 60-jährigen Männer weitgehend zu, für alle anderen Gruppen ist das Verhalten mehr oder minder deutlich von der Identitätsbekundung abgelöst. So gibt es in den jüngeren Jahrgängen beispielsweise einige Frauen, die sich als heterosexuell definieren, und dennoch schon einmal in einer gleichgeschlechtlichen Beziehung gelebt haben. Deutlicher ist die Zunahme des Anteils von Befragten, die nach ihrem 18. Lebensjahr gleichgeschlechtlichen Sex hatten. Mehr als ein Zehntel der jüngeren Befragten hat sich unabhängig von der sexuellen Orientierung gleichgeschlechtlichen Erfahrungen geöffnet, und zwar nicht (nur) im Rahmen passagerer homosexueller Erlebnisse während der Adoleszenz. Die vorsichtige Lockerung monosexueller Festlegungen zeigt sich schließlich besonders deutlich in der Phantasie der Befragten: Etwa ein Viertel der 30-jährigen Männer und sogar ein Drittel der 30-jährigen Frauen, also auch eine Reihe selbstdefiniert heterosexueller Befragter, fühlen sich gelegentlich von Personen des gleichen Geschlechts erotisch angezogen und können sich lustvollen gleichgeschlechtlichen Sex vorstellen.[7] Gleichgeschlechtliche Anziehung und sogar gleichgeschlechtlicher Sex und Beziehungen scheinen also nicht länger untrennbar mit homo- oder bisexueller Identität verkettet und stellen immer häufiger eine sexuelle Option auch für Heterosexuelle dar. Die monosexuelle Ordnung, die die lebenslange Festlegung auf ein und nur ein Geschlecht fixierte, ist, so sehr sie den zentralen Imperativ auch spätmoderner Beziehungswelten darstellt, zumindest ein wenig brüchig geworden.

---

5   6 Befragte (0,8 Prozent) lehnten die Kategorien „hetero-", „homo-" und „bisexuell" ab.
6   Zur grundlegenden Problematik quantitativer empirischer Studien über männliche Homosexualität vgl. Dekker und Schäfer (1999).
7   Besonders ausgeprägt sind diese Tendenzen bei den 30-jährigen Hamburgerinnen. Von denen, die sich als „heterosexuell" bezeichnen, fühlen sich 37% gelegentlich von Frauen sexuell angezogen, 31% können sich lustvollen gleichgeschlechtlichen Sex vorstellen.

Tab. 4.8: Gleichgeschlechtliche Sexualität, nach Generation und Geschlecht (in %)

	Männer				Frauen			
	1942	1957	1972	Sign. (p)	1942	1957	1972	Sign. (p)
Selbstdefinition als homo- oder bisexuell	6	6	6	ns	0	1	4	.02
jemals gleichgeschlechtliche feste Beziehung	6	6	5	ns	0	3	6	.05
gleichgeschlechtlicher Sex seit dem 18. Lebensjahr	7	15	13	ns	3	10	14	.002
„Ich fühle mich gelegentlich von Personen des gleichen Geschlechts angezogen"	8	15	20	.04	7	26	35	.000
„Ich kann mir ein lustvolles gleichgeschlechtliches sexuelles Erlebnis vorstellen"	7	11	17	.03	8	21	31	.000

Die Fallzahlen sind der Tabelle 1.8 zu entnehmen

Untreue: Affären und Seitensprünge

Im Hinblick auf die sexuelle Treue ist die Tendenz zur „Vervielfältigung sexueller Praxen" bemerkenswert gering. Monogame Wertvorstellungen und monogames Verhalten dominieren heutige Beziehungen. Über 90% aller Befragten – Alte wie Junge, Männer wie Frauen, Leipziger wie Hamburger – wünschen sich Treue von ihrem gegenwärtigen Partner oder verlangen sie sogar (Tabelle 4.9). Dabei fallen zwei Besonderheiten auf: *Erstens*, sind die 30-Jährigen besonders streng; vermutlich ist die etwas größere Milde der Älteren auf ihre größere Lebenserfahrung zurückzuführen. *Zweitens*, verlangen Frauen häufiger Treue von ihrem Mann als diese von ihrer Frau. Dies ist ein widersprüchlicher Befund. Man kann darin einerseits eine Tendenz zu konventionelleren Einstellungen in dieser Frage bei Frauen erblicken; andererseits aber auch eine Auflösung doppelmoralischer Vorstellungen, da heute strengere Maßstäbe an Männer angelegt werden als an Frauen (zumindest von deren jeweiligen Partnern).

Im Verhalten sind die Tendenzen ebenfalls eindeutig. Wir haben schon darauf hingewiesen, dass in allen Generationen lediglich 1 bis 2% aller Sexualakte (mit Partnern) Seitensprünge sind (vgl. S. 114). Setzt man die Anzahl aller Außenbeziehungen, die ein Befragter in der gegenwärtigen Beziehung gehabt hat, mit der Dauer der Beziehung in Zusammenhang, dann findet man 7 Seitensprünge/Affären in 100 Beziehungsjahren. Anders ausgedrückt: Heutige fest liierte Großstädter im Alter von 30 bis 60 Jahren haben im statistischen Mittel alle 13 Jahre eine sexuelle Außenbeziehung.

Tab. 4.9: „Verlangen oder wünschen Sie sich sexuelle Treue von Ihrer Partnerin/Ihrem Partner?", nach Generation und Geschlecht (in %)[1]

	1942 (60-Jährige)		1957 (45-Jährige)		1972 (30-Jährige)	
	Männer	Frauen	Männer	Frauen	Männer	Frauen
nein	7	2	10	6	7	1
„Ich wünsche mir sexuelle Treue, verlange sie aber nicht."	63	53	63	51	49	41
„Ich verlange sexuelle Treue."	30	45	27	43	44	58

Die Fallzahlen sind der Tabelle 1.8 zu entnehmen.
Signifikanz der Generationsunterschiede (Männer und Frauen zusammen gefasst) p<.02.
Signifikanz der Geschlechtsunterschiede (Generationen zusammen gefasst) p<.000.
1 gegenwärtige feste Beziehung, nur heterosexuelle Beziehungen.

Zu, vordergründig betrachtet, eindrucksvolleren Zahlen im Hinblick auf nichtmonogames Verhalten kommt man, wenn man fragt, wie viele der Befragten, die gegenwärtig in einer festen Beziehung leben, jemals „fremdgegangen" sind (Tabelle 4.10). Bei den 60-Jährigen sind dies 40% der Männer und 20% der Frauen. Diese ausgeprägten Unterschiede zwischen Männern und Frauen verschwinden in den beiden jüngeren Generationen, die Erfahrungen mit Außenbeziehungen sind nicht mehr geschlechtsabhängig. Übrigens: Solche „Jemals"-Angaben sind in den Medien sehr beliebt, da sie einen gewissen dramatisierenden Effekt haben. Diesen verlieren sie, wenn man berücksichtigt, dass Affären in der Regel seltene und kurzfristige Ereignisse im Beziehungsverlauf sind. So hat die Hälfte der 60-Jährigen, die schon einmal fremdgegangen sind, nur eine oder zwei Affären gehabt (und diese schon vor langer Zeit), und jede vierte Außenbeziehung war nach einem Geschlechtsverkehr beendet.

Die „Jemals"-Angaben sind für den Vergleich der Jahrgangsgruppen wenig geeignet, da Ältere in längeren Beziehungen leben als Jüngere, und die Wahrscheinlichkeit, „jemals" eine Affäre gehabt zu haben, mit der Beziehungsdauer steigt. Vergleicht man hingegen das Vorkommen von Affären *in einem bestimmten Zeitraum* (letzte 12 Monate, letzte drei Jahre, Tabelle 4.10), dann entfallen die Verzerrungen durch die Beziehungsdauer. Bei den Männer ergeben sich dann keine signifikanten Generationsunterschiede, knapp 20% haben in den letzten drei Jahren, knapp 10% im letzten Jahr eine Affäre gehabt. Bei den Frauen haben Außenbeziehungen zugenommen, in den beiden jüngeren Generationen finden sich nun keine signifikanten Geschlechtsunterschiede mehr – ein weiterer Hinweis darauf, dass die Neigung zu Seitensprüngen nicht mehr oder nicht mehr so deutlich geschlechtstypisch ist.

Tab. 4.10: Vorkommen sexueller Außenbeziehungen („Seitensprünge", Affären) in der gegenwärtigen festen Beziehung, nach Generation und Geschlecht (in %)[1]

	1942 (60-Jährige)	1957 (45-Jährige)	1972 (30-Jährige)	Sign.(p)
jemals				
Männer	40	33	21	.02
Frauen	18	30	19	.06
Sign.(p)	.001	ns	ns	
in den letzten 3 Jahren[2]				
Männer	13	19	17	ns
Frauen	1	12	12	.008
Sign.(p)	.001	ns	ns	
in den letzten 12 Monaten[3]				
Männer	6	9	9	ns
Frauen	0	8	4	.02
Sign.(p)	.01	ns	ns	

Die Fallzahlen sind der Tabelle 1.8 zu entnehmen.
1 Nur heterosexuelle Beziehungen.
2 Nur Beziehungen, die 3 Jahre und länger dauern.
3 Nur Beziehungen, die 12 Monate und länger dauern.

Welches sind die Gründe für Außenbeziehungen? Wir haben dies für den letzten Seitensprung bzw. die letzte Affäre erfragt und fanden für Männer wie für Frauen aller Generationen zwei Motivationsstränge (Tabelle 4.11): Der überragend wichtige ist die erotische und emotionale Attraktion durch einen anderen Mann oder eine andere Frau; weitaus seltener ist die sexuelle oder emotionale Frustration in der festen Beziehung. Die überwiegende Mehrzahl der Außenbeziehungen kommt bei Befragten vor, die sich in ihrer Beziehung recht wohl und zufrieden fühlen und gleichwohl einen anderen oder eine andere begehren.

Tab. 4.11: „Wie kam es zu dieser Außenbeziehung, welches waren Ihre Beweggründe?"[1]

	Männer n=51	Frauen n=30	Gesamt n=81	Sign.(p)
Erotische und emotionale Attraktion				
„Ich fühlte mich sexuell angezogen."	88	70	82	.07
„Ich war verliebt."	37	53	43	ns
„Es war der Reiz des Neuen."	80	60	73	.07
Frustration in der Partnerschaft				
„Ich war unglücklich mit (...)."	16	33	22	.09
„Ich war sexuell unbefriedigt."	28	21	25	ns
„Ich zweifelte an der Beziehung."	16	33	22	.10

1 Die letzte Außenbeziehung in der gegenwärtigen Partnerschaft, die nicht länger als 5 Jahre zurück liegt; nur Befragte, die in einer heterosexuellen Beziehung leben.

Mit der hohen Anziehung und Attraktion durch den Geliebten oder die Geliebte korrespondiert der Befund, dass die letzte Außenbeziehung von der großen Mehrheit (etwa 70%) unambivalent als ein positives, das heißt befriedigendes, schönes, lustvolles, aufregendes, selbstbestätigendes, geiles usw. Erlebnis erfahren wird. (Tabelle 4.12). Betont werden vor allem die emotionale Intensität, der Reiz des Unbekannten, das Genießen des Begehrtwerdens (vor allem Frauen) und die Selbstbestätigung als Mann bzw. als Frau. Sehr viel seltener sind ausgesprochen unangenehme Erfahrungen, auf die man besser verzichtet hätte (etwa 10%), ambivalente Reaktionen, in denen sich Befriedigung mit dem schlechten Gewissen gegenüber dem Partner mischen (etwa 10%), und Äußerungen, die den Seitensprung als unbedeutendes Erlebnis beschreiben (ebenfalls etwa 10%). In seltenen Einzelfällen war die letzte Außenbeziehung ein schicksalhaftes Erlebnis, das die alte Beziehung in Frage stellt, nun wenig lebenswert erscheinen lässt und mit Trennungskonflikten einhergeht. Insgesamt aber überwiegen die schönen und erfüllenden Erlebnisse, die die feste Beziehung nicht in Frage stellen, in einem solchen Umfang, dass man sich fragen kann, warum Außenbeziehungen so selten sind.

Tab. 4.12: Erleben des letzten Seitensprungs/ der letzten Affäre[1]

Positives Erlebnis (etwa 70%)

„Affäre, wir kannten uns länger, war phantastisch und immer mal wieder." (60-jähriger Hamburger, seit 15 Jahren in fester Beziehung, letzter Außensex vor 3 Jahren)

„Aufregend, auch anstrengend. Hat mich weiter gebracht, verlor das Gefühl, etwas versäumt zu haben und lernte mich besser kennen." (60-jähriger Hamburger, seit 39 Jahren in fester Beziehung, letzter Außensex vor mehr als 5 Jahren)

„Es war toll, es war neu, es war spontan." (60-jährige Leipzigerin, seit 39 Jahren in fester Beziehung, letzter Außensex vor mehr als 5 Jahren)

„Selbstbestätigung, Aufregung. Mein Mann kritisierte mich, der andere fand mich toll. Es war nicht so sehr das sexuelle Erleben, sondern das Drumherum." (60-jährige Hamburgerin, seit 15 Jahren in fester Beziehung, letzter Außensex vor 3 Jahren)

„Reine sexuelle Befriedigung, Lust auf Verbotenes, die Spannung erwischt zu werden oder auch nicht." (45-jährige Hamburgerin, seit 2 Jahren in fester Beziehung, letzter Außensex vor 3 Monaten)

„Leidenschaft, Sex, sich begehrt fühlen." (45-jährige Hamburgerin, seit 29 Jahren in fester Beziehung, letzter Außensex vor mehr als 5 Jahren)

„Interessante Erfahrung, hatte etwas Verwegenes, schön." (30-jähriger Leipziger, seit 5 Jahren in fester Beziehung, letzter Außensex vor 3 Jahren)

„Geil, geiler, am geilsten." (30-jähriger Leipziger, seit 6 Jahren in fester Beziehung, letzter Außensex vor 1 Monat)

„New York City, begehrt werden, Abenteuer, außerhalb des Alltags." (30-jährige Leipzigerin, seit 6 Jahren in fester Beziehung, letzter Außensex vor 3 Jahren)

„Lust, Liebe, Wildheit." (30-jährige Hamburgerin, seit 15 Jahren in fester Beziehung, letzter Außensex im letzten Monat)

Ambivalentes Erlebnis (etwa 10%)
„Stressig, unbefriedigend. Gut für mein Selbstvertrauen, dass ich noch so etwas machen kann, um zu zeigen, dass ich noch Frauen rumkriegen kann. Das war Stress und mit Alkohol vermischt." (45-jähriger Hamburger, seit 17 Jahren in fester Beziehung, letzter Außensex vor 5 Jahren)

„Wertschätzend, inselhaft, mit einem schlechten Gewissen beiden gegenüber." (45-jährige Leipzigerin, seit 3 Jahren in fester Beziehung, letzter Außensex vor 1 Jahr)

Unbedeutendes Erlebnis (etwa 10%)
„One-Night-Stand, war nicht wichtig." (45-jährige Hamburgerin, seit 22 Jahren in fester Beziehung, letzter Außensex vor mehr als 5 Jahren)

„Kaum Erinnerungen. Ich war fürchterlich betrunken, nach einem St. Pauli Spiel." (60-jähriger Hamburger, seit 15 Jahren in fester Beziehung, letzter Außensex vor 3 Jahren)

Negatives Erlebnis (etwa 10%)
„Es war ein One-Night-Stand, unangenehm, ist lange abgehakt." (60-jährige Leipzigerin, seit 38 Jahren in fester Beziehung, letzter Außensex vor mehr als 5 Jahren)

„Enttäuschung, niedergeschlagen, Scham." (45-jähriger Hamburger, seit 6 Jahren in fester Beziehung, letzter Außensex vor 1 Jahr)

Schicksalhaftes Erlebnis (etwa 2%)
„Es ist eine Liebesbeziehung, sie ist 30 Jahre jünger. Ich möchte zu ihr eine feste Beziehung haben, sie möchte das auch, ist aber verheiratet, ich habe die (13-jährige) Tochter. Ich habe solche Gefühle noch nie gehabt." (60-jähriger Hamburger, seit 23 Jahren in fester Beziehung, aktuelle Außenbeziehung)

„Ich bin verliebt und mein Mann will, dass ich mich entscheide. Er leidet, er würde die Ehe gerne retten, er sagt, er liebt mich und will mich nicht verlieren. Ich denke, es wird darauf hinaus laufen, dass ich gehe, aber das kann noch ein Jahr dauern." (45-jährige Hamburgerin, seit 15 Jahren in fester Beziehung, aktuelle Außenbeziehung)

Nur Befragte, die gegenwärtig in einer festen Beziehung leben. Ausgewertet wurden die Angaben von 145 Männern und Frauen.

1 Antworten auf die offene Frage: „Denken Sie jetzt bitte an das letzte Mal, als Sie mit einem/ einer anderen geschlafen haben. Was war das für ein Erlebnis? Nennen Sie mir spontan drei Begriffe, die Ihnen zu diesem Erlebnis einfallen."

Sexuelle Probleme in festen Beziehungen[8]

Um eine unangemessene Pathologisierung alltäglicher sexueller Schwierigkeiten zu vermeiden, ist eine klare begriffliche Unterscheidung von sporadischen sexuellen Schwierigkeiten und Klagen einerseits und behandlungsbe-

---

8 Das Vorkommen und die Bedeutung von sexuellen Problemen in dieser nicht-klinischen Stichprobe wurden bereits an anderer Stelle von uns ausführlich analysiert (vgl. Matthiesen und Hauch 2004a). Daher beschränken wir uns hier auf eine Kurzdarstellung der wichtigsten Ergebnisse.

dürftigen sexuellen Störungen oder Problemen andererseits notwendig. Wir verwenden die Begriffe hier folgendermaßen:

- Von sexuellen Klagen oder Schwierigkeiten sprechen wir, wenn mindestens eine der folgenden fünf Aussagen bejaht wird, und der/die Befragte angibt, unter diesen Erfahrungen *nicht* oder *nur wenig* zu leiden: „In den letzten 12 Monaten hatte ich gelegentlich ...
  „... zu wenig Lust auf Sex"
  „... Probleme eine Erektion zu bekommen/erregt zu werden"
  „... Probleme einen Orgasmus zu bekommen"
  „... einen zu schnellen Orgasmus"
  „... Schmerzen beim Sex"
- Von einem sexuellen Problem sprechen wir, wenn der/die Befragte unter mindestens einer der oben aufgeführten sexuellen Klagen *stark* oder *sehr stark leidet* und/oder schon einmal wegen dieser *medizinische oder psychotherapeutische Hilfe* aufgesucht oder dies ernsthaft in Erwägung gezogen hat.

Ohne solche Unterscheidungen führen sozialwissenschaftliche Untersuchungen (z.B. Laumann u.a. 1999; Hartmann u.a. 2002) zu völlig überzogenen Prävalenzschätzungen sexueller Probleme in der Bevölkerung, die sowohl von klinischen Forschern als auch aus feministischer Sicht in letzter Zeit scharf kritisiert wurden (vgl. Bancroft 2003a/b; Tiefer 2004; Moynihan 2003).

Sexuelle Klagen und Probleme 60-jähriger Männer und Frauen

Es ist eine weit verbreitete Annahme, dass die Sexualität im höheren Lebensalter vor allem durch das „physiologische" Merkmal Alter bestimmt ist. Ein 60-jähriger Interviewpartner aus Hamburg erzählte, dass er und seine Frau immer häufiger von befreundeten Paaren mit solchen Fragen konfrontiert würden: „Wie geht es euch denn, treibt ihr es noch, oder spielt ihr auch schon Golf?". Ulrich Clement (2004: 105) bezeichnet dies als den naturalistischen „Mythos von der jugendlichen Sexualität und dem deprimierenden Alter". Doch die Sexualität älterer Menschen ist so unterschiedlich wie die jüngerer und unterliegt wie bei diesen einer Vielzahl von Einflüssen und Umständen. Sie hängt vor allem davon ab, ob ein Mann/eine Frau alleine lebt oder in einer Beziehung, und wie lange die Beziehung schon dauert (vgl. S. 74, 121f.); sie variiert mit den Lebensbedingungen, der Gesundheit, der individuellen Biographie und vielem anderen mehr. Sie hängt weiterhin ab von der Rigidität oder Offenheit kultureller Szenarios, die eine Gesellschaft für ein „adäquates" Leben Älterer vorgibt, und da diese sich ändern, ändert sich auch die Sexualität im höheren Lebensalter von Generation zu Generation. Das gilt zumindest bis zu einer Altersgrenze von 60 Jahren, vermutlich aber deutlich darüber hinaus (vgl. Kontula und Haavio-Mannila 1995, Starke 2000, Bucher u.a. 2003, Schmidt und Matthiesen 2003). Das heißt selbstverständlich nicht, dass Alterungsvorgänge keine Rolle spielen. So sagt jeder Vierte der von uns befragten 60-Jährigen, dass körperliche Krankheiten von ihnen selbst oder ihrem Partner/ihrer Partnerin ihr Sexualleben im letzten Jahr „häufig" oder „sehr häufig" beeinträchtigt haben. Bei den 45-Jährigen ist es nur jeder Achte.

Tab. 4.13: Vorkommen sexueller Schwierigkeiten und sexueller Probleme in den letzten 12 Monaten, Männer und Frauen in festen Beziehungen (in %)

	1942 (60-Jährige)		1972 und 1957 (30- und 45-Jährige)[2]	
	Männer	Frauen	Männer	Frauen
keinen Sex (mit dem Partner/der Partnerin)	10	20	1	3
keine sexuellen Schwierigkeiten/ Probleme	40	19	41	32
gelegentlich sexuelle Schwierigkeiten[1]	39	50	50	55
gelegentlich sexuelle Probleme[1]	11	11	8	10

Die Fallzahlen sind der Tabelle 1.8 zu entnehmen.
Signifikanz der Geschlechtsunterschiede: $p<.006$ (1942), ns (1957 und 1972).
Signifikanz der Generationsunterschiede: $p<.002$ (Männer), $p<.000$ (Frauen).
1 Zur Begriffsdefinition von sexuellen Schwierigkeiten und sexuellen Problemen vgl. S. 138.
2 30- und 45-Jährige wurden hier zusammengefasst, da sie sich im Vorkommen sexueller Schwierigkeiten und Probleme nicht unterscheiden.

Einen ersten Überblick über das Vorkommen sexueller Schwierigkeiten und sexueller Probleme in festen Beziehungen gibt die Tabelle 4.13. Die 60-Jährigen unterscheiden sich von den beiden jüngeren Generationen nur insofern, als dass ein wesentlich höherer Prozentsatz im letzten Jahr keinen Partnersex mehr hatte. Diese Gruppe (keinen Sex in den letzten 12 Monaten) erfasst sowohl diejenigen Männer und Frauen, die sich in gegenseitigem Einvernehmen von einem gemeinsamen Sexualleben verabschiedet haben, als auch diejenigen, die wegen gesundheitlicher Beeinträchtigungen, aufgrund sexueller Probleme oder anderer Gründe – oft ist es sexuelles Desinteresse der Frau – das gemeinsame Sexualleben eingestellt haben. Wir fragten alle Interviewten, deren letzter Geschlechtsverkehr mehr als drei Monate zurück lag: „Was vermuten Sie, woran liegt es, dass Sie schon längere Zeit nicht mehr mit Ihrem Partner/Ihrer Partnerin geschlafen haben?" Die Antworten zeigen, dass die Auslöser für längerfristige sexuelle Abstinenz bei 60-Jährigen häufig Krankheiten oder gravierende gesundheitliche Beeinträchtigungen eines Partners sind. Diese werden jedoch höchst unterschiedlich erlebt: Viele Paare finden zu einvernehmlichen Lösungen (meist einem Abschied von der gemeinsamen Sexualität), aber auch konflikthafte Konstellationen werden beschrieben. Wie vielfältig die Hintergründe sein können, die dazu führen, dass ältere Paare keinen Sex mehr haben, illustrieren die folgenden Beispiele:

„Sexualität ist vor 10 Jahren ausgelaufen und keiner hat sich beschwert. Wir haben das als gegeben hingenommen, es gibt keine Auseinandersetzungen deswegen, ist für beide o.k., denn unseren Spaß bei gemeinsamen Sachen haben wir noch. Wir sind davon ausgegangen, dass es weniger geworden ist. Es war keine Krankheit, irgendwie ein natürlicher Ausklang. Früher ist Sex schön gewesen, aber hat auch keine überragende Rolle gespielt. Wenn meine Frau was wollte, würde ich auch ärztlich was unternehmen." (60-jähriger Hamburger, seit 38 Jahren in einer festen Beziehung, seit mehr als 10 Jahren keine gemeinsame Sexualität)

„Es wäre mir nicht unangenehm, wenn wir noch Sexualität teilen würden, aber es ist eben nicht. Das hängt wohl damit zusammen, dass mein Mann so krank wurde (mit 44 in Rente; Migräneanfälle und Kopfschmerz und daraufhin schwere Depressionen). Ich massiere ihn gerne, seinen Kopf, seine Füße, aber er nicht bei mir, ich bin nicht so für das Tatschen." (60-jährige Hamburgerin, seit 38 Jahren in einer festen Beziehung, seit mehr als 5 Jahren keine gemeinsame Sexualität)

„Sexualität ist unwichtig für die Beziehung, weil es sie seit Jahren nicht gibt. Es sind andere Dinge die zählen. Das fehlende Sexualleben ist ein Mangel, führt aber nicht dazu, die Beziehung abzubrechen. Alles kann man nicht haben." (60-jähriger Hamburger, seit 15 Jahren in fester Beziehung, seit mehr als 5 Jahren keine gemeinsame Sexualität)

„Wir haben eine sehr schöne Zeit gehabt, was die Sexualität betrifft. Seit 1996 ist mein Mann impotent. Ich wünsche mir schon noch Sexualität. Wir machen aber nichts mehr miteinander. Mein Mann zieht sich zurück. Außer Geschlechtsverkehr, der nicht mehr möglich ist, möchte er nichts." (60-jährige Hamburgerin, seit 19 Jahren in fester Beziehung, seit mehr als 5 Jahren keine gemeinsame Sexualität)

„Als ich ihn kennen gelernt habe, spielte die Sexualität eine sehr große Rolle. Er war der Mann, mit dem ich am besten Sex haben konnte, so richtig ideal. Sie ist lange gut gewesen. Dann hat es sich verändert, ich mochte plötzlich seine Zärtlichkeiten nicht mehr, ich kam in die Menopause, mein Interesse nahm ab, ich hatte keine Lust mehr. Da hat er sicher drunter gelitten. Mein Partner hat sehr viel Bauch bekommen, das mag ich nicht. Die Sexualität ist heute für mich unwichtig geworden, und er leidet sicher darunter, aber er macht auch keine Versuche mehr." (60-jährige Hamburgerin, seit 23 Jahren in einer festen Beziehung, seit mehr als einem Jahr keine gemeinsame Sexualität)

„Es kommt von mir her, ich mag seine Nähe nicht mehr so gerne. Es klappte von seiner Seite nicht mehr so gut, dadurch wurde es stressig, es ging nur noch um reinen Sex, da wäre mir Zärtlichkeit lieber gewesen. Es war so desillusionierend. (60-jährige Hamburgerin, seit 23 Jahren in fester Beziehung, seit 3 Jahren keine gemeinsame Sexualität)

Bei den 60-Jährigen, die ein aktives Sexualleben aufgegeben haben, spielen Krankheiten oder körperliche Beeinträchtigungen der Sexualität eine nicht unerhebliche Rolle. Darüber hinaus ist Sexualität – verengt auf den heterosexuellen Geschlechtsverkehr – für manche 60-jährige Frauen dieser Generation nicht so wichtig. Sie wünschen sich ein harmonisches, zärtliches Miteinander, das Sexualität nicht ausschließt, aber eine eher freundschaftliche Basis hat. Die nachlassende Intensität der sexuellen Beziehung wird allerdings von diesen langjährigen Paaren nur selten als Bedrohung der Partnerschaft oder als gravierende Beeinträchtigung des persönlichen Wohlbefindens erlebt.

Etwa 40% der 60-jährigen Männer und die Hälfte der 60-jährigen Frauen in festen Beziehungen geben an, zumindest gelegentlich im letzten Jahr bestimmte sexuelle Schwierigkeiten erlebt zu haben (vgl. Tab. 4.13). Diese zunächst hoch erscheinende Zahl ist aber in zweierlei Hinsicht zu relativieren: Zum einen ist der entsprechende Anteil bei den beiden jüngeren Generationen noch höher, dies spricht gegen eine Interpretation als Alterseffekt. Zum anderen ist zu bedenken, dass es sich hier um sexuelle Schwierigkeiten handelt, unter denen die Befragten nicht oder nur wenig leiden. Hier zeigt sich die Widerspenstigkeit der Sexualität oder auch die schlichte Tatsache, dass Sex nicht immer wie erwünscht oder erwartet abläuft und auch gelegentlich misslingt. Zugleich wird deutlich, dass Männer wie Frauen mit solchen Erlebnissen in der Regel gelassen umgehen, sozusagen gut „copen".

Sexuelle Klagen und Probleme im jungen und mittleren Erwachsenenalter

Auch über die Sexualität jüngerer Menschen kursieren Mythen, vor allem dass sie „Spaß" mache und im Beziehungsleben der jungen Generation den zentralen Platz einnehme. Die sexuelle Liberalisierung der 70er Jahre hat hierzu ebenso beigetragen wie die Entdramatisierung und Relativierung vieler sexueller Erlebnismöglichkeiten in den 90er Jahren. Möglichst viele und möglichst vielfältige sexuelle Erfahrungen werden heute für beide Geschlechter mit sexueller Kompetenz assoziiert und positiv bewertet. Der neuen Freiheit, sexuelles Vergnügen um seiner selbst willen zu suchen, stehen ein gesteigerter Leistungs- und Profilierungsdruck, gar eine neue Ideologie der sexuellen Fitness und Selbstoptimierung entgegen (Bauman 1998: 24ff). Ebenfalls steigen, wie wir schon gesehen haben, die Ansprüche an ein sexuell lebendiges und erfülltes Beziehungsleben.

Vor diesem Hintergrund ist es zunächst erstaunlich, dass bei den hier befragten 30- und 45-Jährigen sexuelle Schwierigkeiten und sexuelle Probleme alles andere als Ausnahmefälle darstellen (vgl. Tab. 4.13). Im Gegenteil: Der Anteil derjenigen Männer und Frauen der beiden jüngeren Generationen, die von schwerwiegenden sexuellen Problemen berichten, ist mit 10% genau so hoch wie bei den 60-Jährigen; der Anteil derjenigen mit sexuellen Klagen liegt im Generationenvergleich sogar noch höher. Etwa die Hälfte der 30- und 45-Jährigen machte im letzten Jahr gelegentlich sexuelle Erfahrungen wie keine Lust auf Sex zu haben, nicht erregt zu werden, Schmerzen beim Sex oder auch keine Erektion und/oder keinen Orgasmus zu bekommen.

Diese hohe Verbreitung sexueller Schwierigkeiten muss allerdings auch hier dahingehend relativiert werden, dass die meisten Befragten angeben, unter diesen Erfahrungen nicht oder nur wenig zu leiden. Die Häufigkeit sexueller Klagen wird verständlich, wenn man die familiären und sozialen Hintergründe näher betrachtet, die mit diesen Problemen verbunden sind. 27% der 30-Jährigen berichten von Stress und Belastungen im Alltagsleben, die sich häufig negativ auf die Sexualität in der Beziehung auswirken. Der hier am häufigsten angeführte Ursachenkomplex ist die Familiengründung, d.h. eine Schwangerschaft, das Leben mit einem Kleinkind oder die vielfältigen Alltagsbelastungen, die aus den Schwierigkeiten der Vereinbarung von Erwerbs- und Familienleben resultieren und die die Sexualität beeinträchtigen oder zeitweilig in den Hintergrund treten lassen. Von solchen Belastungen ihrer Sexualität berichten 45-Jährige sogar noch häufiger als die Jüngeren. Besonders die Frauen dieser Generation erleben ihre sexuellen Wünsche oft als kontextabhängig: Belastungen durch Alltagsstress, berufliche Anforderungen, die Versorgung der Kinder und ein generelles Gefühl von Zeitmangel dämpfen ihr Verlangen nach Sex und führen eher zu Lust auf Zärtlichkeit. In entspannten Lebenssituationen, z.b. im Urlaub, erleben sie sich sexuell aktiver und entwickeln mehr sexuelle Wünsche. Die Koordination der sexuellen Wünsche beider Partner mit den Erfordernissen des Alltags ist vor allem im mittleren Erwachsenenalter nicht immer einfach und geht häufig auf Kosten der Sexualität. Das zeigt sich auch an der Zufriedenheit mit der Häufigkeit der Sexualität in den letzten vier Wochen: Während drei Viertel der 45-jährigen Frauen die Häufigkeit als genau richtig einschätzen, sagen fast 40% der 45-jährigen Männer, dass der Sex für sie zu selten war. Einige Antwortbeispiele sollen dies verdeutlichen[9]:

„Eigentlich spielt Sex eine große Rolle, aber bei meiner Arbeit, wo ich sehr viel Stress habe und wenn ich dann nach Hause komme und dort noch den Haushalt... . Das ist im Urlaub eher besser, Partnerschaft geht für mich auch ohne Sex." (45-jährige Hamburgerin, seit 14 Jahren in einer festen Beziehung)

„Seitdem das Kind da ist, ist es bei mir radikal zurückgegangen, das habe ich zuerst gar nicht gemerkt. Bei ihm tauchten da Spannungen auf. Ich leide wahrscheinlich durch die Medikamente an einer gewissen Blockade. (45-jährige Leipzigerin, seit 21 Jahren in einer festen Beziehung)

„Ein halbes Jahr, da hat sie mich schmoren lassen, es gab auch ein Problem mit Verhütung. Gummis wollte ich nicht und sie wusste nicht, ob sie die Pille nehmen sollte. Gehört halt dazu, normal. Es gibt da anderes, wir nutzten die Chancen wie sie kommen, auch berufsbedingt und durch die Kinder. Es hat sich so eingespielt. Früher hatte ich da ein Problem damit, aber jetzt kommen wir gut klar." (45-jähriger Hamburger, seit 24 Jahren in einer festen Beziehung)

„Zurzeit habe ich keine Lust von mir aus aktiv zu werden. Wir haben seit drei Monaten nicht mehr miteinander geschlafen, was ich auch bedaure, aber ich weiß nicht, wie ich das ändern kann. Wenn wir miteinander schlafen ist es schön. Da der Haussegen trotzdem nicht total schief hängt, scheint die Sexualität aber nicht das wichtigste zu sein. Sexualität ist eine Möglichkeit, seine Gefühle für den Partner auszudrücken und einander nah zu sein." (45-jährige Hamburgerin, seit 22 Jahren in einer festen Beziehung)

„Ist schon wichtig, aber ... . Wir kommen nicht dazu, weil uns das Leben auffrisst. Weil mein Mann müde ist. Ich weiß nicht. Ich weiß nicht." (45-jährige Leipzigerin, seit 26 Jahren in einer festen Beziehung

---

9   Antworten auf die offene Frage: „Welche Bedeutung hat die Sexualität für ihre Beziehung, was spielt sie für eine Rolle?"

Wie schon in dem Abschnitt über die Veränderungen der sexuellen Wünsche mit der Dauer der Beziehung (vgl. S. 126ff.), fällt auch bei den Aussagen über die Bedeutung der Sexualität für die Beziehung auf, dass Frauen typischerweise eher die Wünsche nach Nähe und Zärtlichkeit betonen, Männer hingegen den Wunsch nach Sex stärker artikulieren. Sind Frauen mit der Sexualität in heterosexuellen Partnerschaften weniger zufrieden? Einige unserer Ergebnisse scheinen darauf hinzudeuten.

Geschlechtsunterschiede im Erleben der Partnersexualität

Wenn wir einen Blick auf die unterschiedlichen sexuellen Schwierigkeiten in festen Beziehungen werfen, dann fällt auf, dass Frauen häufiger über die Beziehungssexualität klagen, als Männer (Abbildung 4.9). Mehr als die Hälfte aller Frauen in festen Beziehungen gibt an, zumindest gelegentlich im letzten Jahr „zu wenig Lust" auf Sex gehabt zu haben, 43% kommen gelegentlich beim Sex mit ihrem Partner nicht zum Orgasmus, fast 40% haben manchmal Schwierigkeiten, erregt zu werden. Die einzige Ausnahme: „Ich kam zu schnell zum Orgasmus" ist eine Aussage, die Männer häufiger machen.

Abb. 4.9: Häufigkeit sexueller Klagen in festen Beziehungen in den letzten 12 Monaten, nach Geschlecht (in %)[1]

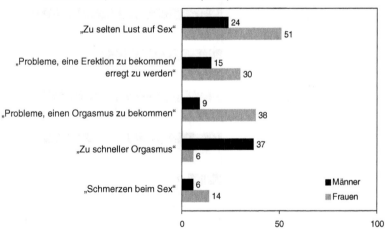

Fallzahlen: n=251 (Männer), n=267 (Frauen).
Signifikanz der Geschlechtsunterschiede: alle Items p<.002.

1 Nur Befragte in festen Beziehungen, die in den letzten 12 Monaten überhaupt Sex mit ihrem Partner/ ihrer Partnerin hatten.

Auch wenn wir festhalten, dass viele Beziehungen offenbar über Ressourcen verfügen, um solche sexuellen Schwierigkeiten zumindest temporär auffangen oder abfedern zu können, so bleibt die Tatsache bestehen, dass sich Frauen häufiger über den Partnersex beschweren als Männer und ihn offensichtlich weniger lustvoll erleben. In diesem Punkt unterschieden sich die Generationen nicht voneinander.

Der sich hier abzeichnende Trend zu größerer Unzufriedenheit der Frauen mit der Sexualität in heterosexuellen Beziehungen wird noch durch andere Indikatoren gestützt. So beschreiben beispielsweise weniger Frauen als Männer die Sexualität als „belebend" für die Beziehung (Frauen 67%, Männer 82%). Besonders deutlich zeigen sich Geschlechtsunterschiede beim Erleben des letzten Geschlechtsverkehrs. Wir baten alle Befragten, uns ihre Gefühle und Empfindungen beim letzten Sex mit dem Partner oder der Partnerin zu beschreiben (Abb. 4.10). Zunächst überraschen die positiven Schilderungen: Die gemeinsame Sexualität ist für die allermeisten ein Erlebnis, bei dem sie sich glücklich und geliebt fühlen, das lustvoll und mehrheitlich sogar leidenschaftlich ist. Als alltägliche Routine erlebt nur eine Minderheit ihre Sexualität.

Abb. 4.10: Erleben des letzten Sex in festen Beziehungen, nach Geschlecht (in %)[1]

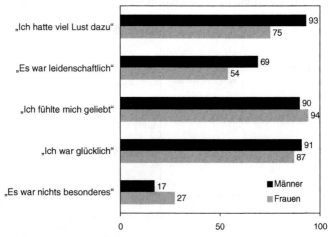

Fallzahlen: n=251 (Männer), n=267 (Frauen)
Signifikanz der Geschlechtsunterschiede: „Ich hatte viel Lust dazu" p<.000, „Es war leidenschaftlich p<.001, „Ich fühlte mich geliebt" ns, „Ich war glücklich" ns, „Es war nichts besonderes p<.004.

1 Nur Befragte, die in den letzten 12 Monaten überhaupt Sex mit ihrem Partner/ ihrer Partnerin hatten.

Die Analyse der Geschlechtsunterschiede im sexuellen Erleben liefert jedoch zwei interessante Befunde: In der Dimension Liebe und Intimität unterscheiden sich Männer und Frauen nicht wesentlich voneinander, was als Indiz für die vielfach beschriebene Romantisierung der männlichen Sexualität gewertet werden kann (vgl. Schmidt 1993, Matthiesen 2002). Deutlich Unterschiede finden sich jedoch in den Dimensionen Lust und Leidenschaft.

Zusammenfassend können wir festhalten: In allen drei Altersgruppen finden sich im Hinblick auf das Vorkommen behandlungsbedürftiger sexueller Störungen keine signifikanten Geschlechtsunterschiede; aber es gibt Hinweise für eine größere Unzufriedenheit von Frauen mit der Paarsexualität in heterosexuellen Beziehungen. Mögliche Ursachen für dieses Ergebnis wurden in der vorherigen Kapiteln bereits angesprochen: immer noch geltende Normalitätsvorstellungen, die eine Verengung sexueller Praktiken auf den vaginalen Geschlechtsverkehr befördern spielen hier sicher ebenso eine Rolle wie die Retraditionalisierung der geschlechtsrollenspezifischen Arbeitsteilung im Verlauf von Beziehungen mit Kindern.

In Bezug auf das Vorkommen sexueller Probleme unterscheiden sich die drei untersuchten Generationen nicht signifikant. Auch wenn wir in Rechnung stellen, dass sich unsere Studie auf eine Altersspanne bis 60 Jahre beschränkt, also auf eine Gruppe „junger" älterer Menschen und auf Großstädte, in denen liberale Entwicklungen und sozialer Wandel sicherlich auch von Älteren eher assimiliert werden als in kleinstädtischen und ländlichen Milieus, wird deutlich, dass soziale Faktoren das sexuelle Verhalten zumindest bis zum Alter von 60 Jahren wesentlich stärker prägen als das Alter selbst.

Kapitel 5
Abschließende Überlegungen

Die Ergebnisse unserer Studie wurden in den vorangehenden Kapiteln knapp dokumentiert und interpretiert. Wir fassen sie in diesem letzten Kapitel nicht noch einmal zusammen, sondern diskutieren einige Fragen, die bisher nicht oder zu wenig berücksichtigt wurden.

Zukünftige Beziehungsbiographien

Welche Beziehungsbiographien werden die heute 30-Jährigen haben, wenn sie einmal 60 Jahre alt sind? Langfristige Prognosen sind schwierig, denn „Soziologen können die Vergangenheit besser vorhersagen als die Zukunft" (Weeks 2004: 62). Doch wenn man von der durchaus plausiblen Annahme ausgeht, dass sich die in dieser Arbeit dargestellten soziohistorischen Trends der letzten drei oder vier Jahrzehnte fortsetzen oder zumindest nicht umkehren, dann lässt sich folgendes prognostizieren: Das traditionelle Beziehungsmuster „frühe Kontinuitätsbiographie" – die im dritten Lebensjahrzehnt beginnende lebenslange feste Beziehung, ehelich und in der Regel mit Kindern – wird zur Ausnahme werden, und zwar durch die zunehmende Verbreitung anderer kulturell akzeptierter Biographiemuster. An die Stelle dieses einst übermächtigen Szenarios treten diversifizierte Szenarien, die miteinander koexistieren. Drei lassen sich ausmachen:

- Kontinuitätsbiographien mit einer seriellen Beziehungsvorgeschichte, wobei die zentrale Beziehung in der Regel ehelich und mit Kindern ist. Dieses Muster ist der traditionellen Normalbiographie sehr ähnlich, unterscheidet sich von ihr aber dadurch, dass die zentrale Beziehung später beginnt und dass ihr mehr feste Beziehungen vorangehen als ehemals.
- Sehr späte sowie zweite (und dritte) Kontinuitätsbiographien mit seriellen Beziehungserfahrungen vor und möglicherweise auch zwischen den langfristigen Beziehungen; ein zunehmender Anteil der langfristigen Beziehungen wird nichtehelich sein („unverheiratet Zusammenwohnen"); in

der Regel werden aus einer, manchmal aus mehreren dieser Beziehungen Kinder hervorgehen.
- Kettenbiographien, also serielle Beziehungen als lebenslanger Lebensstil, wobei nichtkonventionelle Beziehungsformen („Living apart together", „unverheiratet Zusammenwohnen") dominieren; oft werden aus einer oder mehrerer der relevanten Beziehungen Kinder hervorgehen.

Diese Tendenzen werden in allen Bevölkerungsgruppen zu beobachten sein: gleichermaßen bei Männern und bei Frauen und in den unterschiedlichen Ausbildungsgruppen; in den Metropolen aber häufiger als in Kleinstädten und auf dem Lande, bei religiös und konservativ Gebundenen seltener als bei kirchlich Ungebundenen und Menschen mit liberalen Grundhaltungen.

Einengungen der Familiensoziologie

Nachdem die Ehe durch die Liberalisierung der 1960er und 1970er Jahre ihr Monopol verloren hat, Sexualität zu legitimieren, verliert sie nun zunehmend auch das Monopol, Beziehungen und Familien zu definieren. Diese Tendenzen werden vermutlich von keinem Familiensoziologen ernsthaft bestritten. Das Ausmaß von Kontinuität und Wandel aber wird unterschiedlich beurteilt (vgl. Vascovics 1991, Beck-Gernsheim 1994, Klein 1999, Nave-Herz 2002, Schneider 2002, Marbach 2003, Brüderl und Klein 2003, Peuckert 2004). Auch in unserer Untersuchung ist beides zu finden: *Zum einen* belegt sie die Attraktivität, Aktualität und das relativ große Vorkommen langer Beziehungen und damit die zentrale Stellung fester Beziehungen in der sozialen Organisation des Erwachsenenlebens; selbst der Single ist in der Regel ein „Searcher", auf der Suche nach einer neuen Partnerschaft. *Zum anderen* zeigt unsere Studie, dass die Fluktuation von Beziehungen erheblich zunimmt, dass nichtkonventionelle Partnerschaften häufiger werden, und dass Ältere, wenn sie sich aus (langen) Beziehungen trennen, oft die für Jüngere typischen Beziehungsmuster (getrennt Zusammenleben, unverheiratet Zusammenwohnen) übernehmen. Die traditionelle Beziehungsbiographie, in deren Zentrum *eine* (lebens)lange Beziehung steht, rückt in den Hintergrund, Biographien, die von mehreren relevanten Beziehungen bestimmt sind, treten in den Vordergrund.

Wir haben den Eindruck, dass unsere Ergebnisse das Ausmaß des Wandels stärker konturieren als andere Untersuchungen. Das liegt sicher zum Teil daran, dass wir Großstädter befragten, bei denen Veränderungen des Beziehungsverhaltens ausgeprägter sind als bei Kleinstädtern und der Landbevölkerung (Klein 1999, Brüderl und Klein 2003). Wichtiger noch sind aber drei weitere, methodologische Aspekte.

(1) Viele Untersuchungen zum Beziehungswandel beschränken sich auf die Analyse von amtlichen Statistiken einschließlich des Mikrozensus' (für ein neueres Beispiel vgl. Nave-Herz 2002). Zweifellos sind dies wichtige Quellen zur Bearbeitung dieser Fragestellung; aber solche Statistiken erfassen eine Beziehungsform, die quantitativ immer bedeutender wird, überhaupt nicht, nämlich das getrennt Zusammenleben. Entsprechend wird in diesen Analysen ein wichtiger Teil der Beziehungswirklichkeit völlig ausgeblendet. Schließlich sind nur 23% aller Beziehungen und nur 58% aller Beziehungsjahre unserer 776 Befragten ehelich (vgl. S. 11). Im Hinblick auf die Fluktuation von Beziehungen geben die amtlichen Statistiken lediglich Auskunft über eine Trennungsform, nämlich die Scheidung. Scheidungen lassen aber nur einen kleinen Teil der Beziehungsdynamik erkennen: Von den 1966 Trennungen, über die unsere Befragten berichten, sind nur 9% Scheidungen (vgl. S. 11). Analysen zum sozialen Wandel des Beziehungslebens, die ausschließlich auf den amtlichen Statistiken und deren Parametern beruhen, zeichnen diesen Wandel nur partiell nach und unterschätzen ihn.

(2) Klein (1999) kommt aufgrund der Ergebnisse einer empirischen Untersuchung zu dem Schluss, „dass sich partnerschaftliche Lebensformen – entgegen weit verbreiteter Vorstellung – über die Kalenderzeit und die Generationen hinweg kaum verändert haben" (S. 115). Er berücksichtigt Lat-Beziehungen (in seiner Terminologie „Partnerschaften ohne gemeinsamen Haushalt")[1] und erfasst Zeit- und Generationsverläufe aufgrund von Daten zu Partnerschaftsbiographien. Anders als bei unseren Beziehungsbiographie-Typologien sind seine Verläufe aber nichts anderes als eine Serie von Querschnitten. Damit kann er feststellen, wie viele seiner Befragten in einem bestimmten Jahr, zum Beispiel 1980 oder 1985, in einer bestimmten Beziehungsform lebten (ähnlich wie wir es in Abbildung 2.1, S. 25, tun). Eine solche Analyse ist legitim, sie verdeckt aber Beziehungsfluktuationen: Die gleiche Prozentverteilung für die Beziehungsform a und b für (um im Beispiel zu bleiben) 1980 und 1985 kann nämlich dadurch zu Stande kommen, dass keiner der Befragten im Referenzzeitraum seinen Beziehungsstatus änderte, oder aber dadurch, dass zwei etwa gleich große Gruppen von a nach b und von b nach a wechselten. Solche „Längsschnitte von Querschnitten" lassen den Wandel von Beziehungsstrukturen also auch wieder nur partiell und reduziert erkennen, sie müssen durch Angaben zur Fluktuation und/oder durch eine Gesamtbetrachtung der Biographie ergänzt werden, wie wir es versucht haben.

---

1 Klein definiert diese Beziehungen strenger als wir und zählt nur solche dazu, die 1 Jahr oder länger dauern (vgl. a. Fußnote 7, S. 15).

(3) Brüderl und Klein (2003) untersuchten anhand der Daten des „Familien-Surveys" des Deutschen Jugendinstuts aus dem Jahr 2000 Verläufe von „Lebensformtypen" (bis zum Zeitpunkt der Befragung) von Männern und Frauen der Jahrgänge 1944 bis 1982. Ihre Analyse belegt eine „Pluralisierung der Sozialstruktur der partnerschaftlichen Lebensformen" (S. 200). Ihr Kriterium „Lebensformtyp" differenziert immerhin 7 „Zustände": (1) ledig; (2) ledig, cohabiting; (3) verheiratet (erste Ehe); (4) getrennt, partnerlos; (5) verwitwet, partnerlos; (6) nachehelich mit Partner; (7) wiederverheiratet.

Die Einengungen dieser Typisierung sind offensichtlich: *Zum einen* werden Lat-Beziehungen[2] sowie die Anzahl und die Dauer fester Beziehungen nicht oder nicht hinreichend berücksichtigt also wichtige Parameter einer Beziehungsbiographie ausgeblendet. *Zum anderen* dominiert die Kategorie „Familienstand" auf schwer nachvollziehbare Weise die „Lebensformtypen". So verharrt jemand im Stadium 2 (oder 6) unabhängig davon, wie viele Cohab- oder Lat-Beziehungen er/sie hat, eine Veränderung in der Biographie wird erst dann registriert, wenn er oder sie heiratet (oder wieder heiratet). Salopp gesagt: Unter der Fuchtel der Kategorie „Ehe" wird Beziehungsfluktuation eingedampft. Zweifellos bildet diese Studie sozialen Wandel besser ab als Querschnittsstudien, zugleich aber verhindert sie mit ihrer eigenwilligen Definition von „Lebensformtypen" von vornherein, dass Diversität und Dynamik angemessen sichtbar werden können.

Die Diagnose „Nichts Neues unter der Sonne" jedenfalls, die Beck-Gernsheim (1994: 119) glossierend als Ergebnis mancher traditionellen familiensoziologischen Analyse zum Wandel des Beziehungslebens ausmachte, wird durch die Ergebnisse unserer Studie, die Verlaufsdaten weitgehend berücksichtig und die Lat-Beziehungen unabhängig von ihrer Dauer nicht als „partnerlos" qualifiziert, erheblich in Frage gestellt.

Reine Beziehungen

Beziehungen und Familien bedürfen nicht mehr der Institution Ehe, um organisiert und legitimiert zu werden. Ein Paar *ist dort, wo zwei Menschen sagen, dass sie eines sind*, unabhängig vom Familienstand und vom Geschlecht des Partners. Und *Familie ist dort, wo Kinder sind* – unabhängig davon, ob Mutter oder Vater verheiratet sind, das Kind in einem oder zwei Haushalten aufziehen, oder einer von ihnen alleine, oder zusammen mit anderen gleich- oder

---

2 Männer und Frauen in Lat-Beziehungen werden den Singles oder Partnerlosen zugerechnet.

gegengeschlechtlichen Partnern. Der Verlust der Monopolstellung der Institution Ehe führt zu erheblichen Einbußen ihrer symbolischen Bedeutungen und normativen Kraft. Aber nicht nur aus der Institution Ehe wurden Beziehungen entlassen; sie wurden in einem langen Prozess, der schon im 19. Jahrhundert begann, zunehmend auch freigesetzt von sachlichen Aufgaben der Lebensbewältigung und des Lebenskampfes, die früher eine starke wechselseitige Abhängigkeit begründeten.[3] Holzschnittartig vergröbert lassen sich zwei Schübe ausmachen: zuerst, schon im 19. Jahrhundert, mit der Trennung von Wohn- und Arbeitsplatz und dem Verschwinden der bäuerlichen und der Handwerkerfamilie, der *Verlust von Produktionsaufgaben*; dann, in der zweiten Hälfte des 20. Jahrhunderts der *Verlust von Versorgungsfunktionen,* durch die Abnahme der Kinderzahl, durch die Inanspruchnahme von Dienstleistungen für die häusliche Versorgung und Kindererziehung sowie durch die Entwicklung von Versorgungstechnik (von der Zentralheizung über die Waschmaschine bis hin zu den „Pampers"). Und schließlich wurden Beziehungen zunehmend freigesetzt von traditionellen Geschlechterrollen, die die Arbeitsteilung in einer Partnerschaft ehemals verbindlich regelten und deren Komplementarität die Ehepartner – bei aller patriarchalen Dominanz des Mannes – *wechselseitig* voneinander abhängig machten: Die Frau war ökonomisch auf den Mann, der Mann alltagspraktisch auf die Frau angewiesen.

Diese Entwicklungen – Freistellung der Beziehung von Institution, Produktion, Versorgung, Geschlechterrollen – bringt eine neue Beziehungsform hervor, die der britische Soziologe Anthony Giddens (1991, 1993) als *reine Beziehung* beschreibt. („Rein" nicht im moralischen Sinne, sondern im Sinne von „pur", Beziehung pur). Das Vordringen dieses Beziehungstyps bildet sich in unserer Studie deutlich ab. Die reine Beziehung wird nicht durch materiale Grundlagen oder Institutionen gestützt, sie wird nur um ihrer selbst willen eingegangen, sie hat nur sich selbst und besteht nur, solange sich beide darin wohl fühlen, solange beide einen emotionalen „Wohlfahrtsgewinn" haben. Dadurch ist ihre Stabilität riskiert, ja, es gehört zu ihrer Reinheit, prinzipiell instabil, episodisch zu sein; sie verriete ihre Prinzipien, wenn sie Dauer um der Dauer willen anstrebte. Serielle Beziehungen, die mit seriellen Singlephasen abwechseln, werden zur gängigen Verkehrsform. Der multiple oder Wiederholungssingle entsteht als neue Figur, scheinbar Held und Heroine unabhängiger und unbändiger Sexualität, in der Realität aber meist nicht so glücklich, mal wieder im Wartestand auf den Nächsten oder die Nächste, sexuell eher unterversorgt und missgestimmt – kurz ein Nebenprodukt serieller Beziehungen, selten ein Lebensstil.

In der reinen Beziehung müssen beide Partner vielfältige Talente entwickeln, um das sich Wohlfühlen – zumindest eine Zeit lang – zu gewährleisten, vor allem die Fähigkeit, *Intimität* zu leben und auszuhalten: Nähe, Ver-

---

3 Vgl. zusammenfassend Beck-Gernsheim 1994, Schmidt 1998 Kap. 3.

trauen, Austausch, sich Öffnen, Verständnis und sich Verstehen lassen (vgl. S. 83ff.). Die reine Beziehung ist psychologisiert, durch und durch, was bleibt ihr auch anderes übrig. Sie ist ein ständiger Prozess, aktive und reziproke emotionale und kommunikative „Arbeit", sie ist „performativ", um es modern zu sagen. Intimität zu leben und auszuhalten fällt mehr Männern als Frauen schwer, psychisch sind sie dieser komplexen, nicht Rollen gesteuerten Beziehungsform heute wohl weniger gewachsen als Frauen. Dies mag der Grund dafür sein, dass Frauen heute häufiger die Initiative bei Scheidung oder Trennung ergreifen als Männer. Natürlich gibt es in diesen Beziehungen auch Verbindlichkeit, Verlässlichkeit, für einander da sein; aber sie sind nicht mehr als Ehepflicht vorgegeben, sondern freiwillig, Optionen, für die man sich entschieden hat – und die man wieder kündigen kann. Und natürlich bedarf es in der reinen Beziehung auch der Fähigkeit des Aushandelns. Wenn die Geschlechterrollen weniger festgezurrt sind – eine Voraussetzung der reinen Beziehung – muss der gesamte Alltag (nicht nur die Sexualität) ausgehandelt werden: Wer kocht, wer kauft ein, was unternimmt man gemeinsam, wer bringt die Kinder zur Schule, wer holt sie ab, wer passt abends auf sie auf, wer trifft Freunde, wer macht wann und wie lange und mit wem Urlaub, wer kann über wie viel Geld verfügen usw. usf. Sexualität ist in diesen Beziehungen *„wichtig, aber nicht das wichtigste"*; Intimität – Nähe, Geborgenheit, Zuneigung, Vertrauen – *auszudrücken* oder *herzustellen* wird zu ihrer wichtigsten Funktion (vgl. S. 88ff.). Damit ist Sexualität definiert als Medium, als Produkt und Produzent erlebter Intimität, des Kerns der reinen Beziehung.

Die reine Beziehung ist nicht notwendig monogam, da auch darüber eine Vereinbarung zu treffen ist. Die meisten heterosexuellen Paare – jüngere wie ältere – entscheiden sich heute für Treue, so dass serielle Monogamie zur vorherrschenden Erscheinungsform der reinen Beziehung wird (vgl. S. 114, 133ff.). Doch das Treueverständnis heutiger junger Paare hat mit dem ihrer Großeltern nur wenig zu tun, weshalb man auch nicht davon reden kann, dass sie wieder „traditioneller" geworden sind: Im Zeitalter der reinen Beziehung ist Treue nicht an eine Institution (Ehe) oder per se an eine Person gebunden, sondern an das Gefühl zu dieser Person: Treueforderung und -verpflichtung gelten nur, so lange die Beziehung als intakt und emotional befriedigend erlebt wird. Ist das nicht mehr gegeben, dann kann man gar nicht mehr untreu sein, sondern nur noch konsequent.

In reinen Beziehungen liegen die Ideale „Dauer" und „Intensität" im Wettstreit (vgl. S. 33ff.). Es geht nicht mehr um den Wunsch nach Dauer per se, sondern nach Dauer bei emotionaler, intimer und (seltener) sexueller Intensität. Dadurch wird die Trennungsschwelle niedriger, und das führt zu multiplen Trennungserfahrungen und dazu, dass heute massenhaft Beziehungen getrennt werden, die früher als ganz gesund und keinesfalls als zerrüttet gegolten hätten. Die Instabilität heutiger Beziehungen ist nicht eine Folge von Bindungslosigkeit oder Beziehungsunfähigkeit; sie ist vielmehr die Konsequenz des hohen Stellenwertes, der Beziehungen für das persönliche Glück beigemessen wird und der hohen Ansprüche an ihre Qualität. Die traditionelle Ehe konnte – im Gegensatz zu den heutigen Partnerschaften – mit einem Minimum an Bindungsfähigkeit lebenslang währen, denn der Zusammenhalt war durch die noch mächtige Institution garantiert, durch religiöse Zwänge, durch die massiven ökonomischen Verbindlichkeiten und die finanzielle Abhängigkeit der Frauen, durch strikte Aufgaben- und Rollenverteilung zwischen Mann und Frau sowie durch strenge gesellschaftliche Sanktionen gegen Scheidungen. Der Psychotherapeut Jürg Willi (2002) spricht davon, dass dauerhafte Beziehungen heute nur gelingen können, wenn die Partner „einander im Wachstum anregen", sich also verändern. So gesehen sind auch langfristige Partnerschaften heute oft „Beziehungen in Folge" – nur mit dem gleichen Partner bzw. der gleichen Partnerin, seriell-kontinuierliche Beziehungen.

Serialität von Beziehungen wird geringer, wenn Kinder da sind, aber oft nur vorübergehend. Gut ein Drittel der von uns befragten großstädtischen Eltern haben sich aus einer Beziehung mit Kindern getrennt, die bei der Trennung noch minderjährig waren (vgl. S. 104ff.). Mehr und mehr Kinder leben in einem Kunterbunt von Lebens- und Familienformen, ihre soziale Welt wird „flüssiger", vielfältiger und unübersichtlicher, sie leben in der *postfamilialen Familie* (Beck-Gernsheim 1994), der großen Schwester der reinen Beziehung. Familien lassen sich eben nicht mehr über die Ehe definieren. Die Folgen von Trennung und Scheidung für die Kinder werden in dieser Situation anders bewertet als früher, andere Sichtweisen zeichnen sich ab, bei den Betroffenen oft deutlicher als bei den Experten: Trennungen, gelten weiterhin als trauriges und belastendes Ereignis für die Kinder; aber auch Chancen werden gesehen, neue Optionen betont: Die neuen Partner der Eltern und deren Töchter und Söhne aus früheren Beziehungen vergrößern den Erfahrungskreis der Kinder mit nahe stehenden Erwachsenen oder Elternfiguren und Quasigeschwistern, erweitern den sozialen Horizont der Kinder über die begrenzte Kleinfamilie hinaus. Die Auswirkungen von Scheidungen auf die Kinder sind selbst etwas, das dem sozialen Wandel unterliegt, kurz, sie verändern sich (Amato und Booth 1997, Thompson und Amato 1999, Peuckert 2004). Heute werden Scheidungen nicht mehr als persönliches und moralisches Versagen gesehen, sondern eher als eine akzeptable Form oder Möglichkeit ehelicher Konfliktlösung. *Das* ist eine wichtige Voraussetzung für sanftere Scheidungsfolgen. Kinder, deren Eltern es nach der Trennung gelingt, ein „binukleares Familiensystem" aufzubauen, deren Eltern sich also weiterhin beide um sie kümmern und für sie verantwortlich fühlen (gleichgültig, in welchen neuen Beziehungen sie leben und bei welchem Elternteil das Kind wohnt), bei solchen Kindern findet man am seltensten negative Folgen der Scheidung für ihre emotionale und Persönlichkeitsentwicklung. Und die Fähigkeit, solche schwierigen binuklearen Lösungen zu schaffen, nimmt nach unseren Befunden zu (vgl. S. 106).

„Emotionale Demokratie" oder Wegwerfbeziehungen?

Leger ließe sich resümieren, dass wir uns nach der „sexuellen Revolution" der späten 1960er und nach der „Genderrevolution" der 1980er nun mitten in einer „partnerschaftlichen und familiären Revolution" befinden. Diese drei Entwicklungen sind selbstverständlich eng miteinander verwoben. Natürlich ist die reine Beziehung – wie die Verhandlungsmoral – ein idealtypisches Konstrukt, sie kann nur gelingen, wenn gleich starke Partner beteiligt sind. Sie ist tatsächlich eine demokratische Form von Beziehung und beruht, wie Jeffrey Weeks u.a (2001) formulieren, auf der Utopie einer „emotional democracy". Da lesbische und schwule Partnerschaften durch das gesellschaftliche Mann-Frau-Ungleichgewicht nicht behelligt sind, ist bei ihnen die reine Beziehung klarer ausgeprägt (Giddens 1993). Bei heterosexuellen Paaren wird sich diese Beziehungsform in dem Maße etablieren und ihrem Idealtyp annähern, in dem die geschlechtsgebundene Verteilung von Einkommen, Arbeit, Aufgaben und Macht weiterhin abnimmt. Und sie ist heute in solchen Gruppen am häufigsten anzutreffen, in denen diese Bedingungen am ehesten verwirklicht sind, zumindest temporär, z.b. bei jungen Paaren – ohne Kinder.

Zygmunt Bauman (2003: 108, 191, 193) hat jüngst eingewendet, dass die reinen Beziehungen weniger „Vehikel der Emanzipation und Garanten einer neuen Form der Freude" als ein Ausdruck der „Kommodifizierung und Konsumifizierung im Bereich menschlicher Partnerschaften" sein könnten und damit den Bedingungen der „flüchtigen Moderne" auffallend kongruent sind. „Die ganze Welt, einschließlich anderer Menschen" werde zu „einem Container voller *Wegwerfobjekte*, zum *einmaligen* Gebrauch bestimmt". Es gehe darum, „Befriedigung von einem gebrauchsfertigen Produkt (dem Partner, der Partnerin, d.A.) zu erlangen; entspricht das Vergnügen nicht den Erwartungen und Versprechungen des Beipackzettels oder schwindet der Spaß mit der Zeit, kann man sich auf den Verbraucherschutz berufen und die Scheidung einreichen. Es gibt keinen Grund, sich weiter mit einem minderwertigen oder veralteten Produkt abzugeben, statt in den Regalen nach einer ‚neuen und verbesserten' Version Ausschau zu halten." Das sind beißende und heilsame Einsprüche gegen die eher optimistische Sicht Giddens, Weeks oder der Autoren dieses Buches. Eine solche Parallelisierung privater und politökonomischer Verhältnisse ist verführerisch einleuchtend, sie wird den Beziehungswirklichkeiten aber nur begrenzt gerecht. Das liegt vermutlich daran, dass Frau und Mann, Frau und Frau oder Mann und Mann ihre Beziehung nicht nur „konsumieren"; sie „produzieren" auch fortgesetzt und gemeinsam: Bindung, Vertrauen, gemeinsame Geschichte, um von Liebe gar nicht erst zu reden, wenn auch immer seltener „forever".

Literatur

Abbott, A., Sequence analysis: new methods for old Ideas. Annual Review of Sociology 1995; 21: 93-113
Abbott, A., Forrest, J., Optimal matching methods for hstorical sequences. Journal of Interdisciplinary History 1986; 16: 471-494
Abbott, A., Hrycak, A., Measuring resemblance in sequence data: An Optimal Matching Analysis of musicians' careers. American Journal of Sociology 1990; 1 ??: 144-185
Aisenbrey, S., Optimal Matching Analysis. Opladen: Leske + Budrich, 2000
Amato, P.R., Booth, A., A generation at risk. Growing up in an era of family upheaval. Cambridge: Harward University Press 1997
Blumstein, P., Schwartz, P., American couples. Money, work, sex. New York: William Morrow 1983
Bancroft, J., Loftus, J., Long, J.S., Distress about sex: A national survey of women in heterosexual relationships. Archives of Sexual Behavior 2003a; 32: 193-208
Bancroft, J., Loftus, J., Long, J.S., Reply to Rosen and Laumann 2003. Archives of Sexual Behavior 2003b; 32: 213-216
Bauman, Z., Über den postmodernen Gebrauch der Sexualität. Z Sexualforsch 1998; 11: 1-16
Booth, A., Causes and consequences of divorce. Reflections on recent research. In: Thompson, R.A., Amato, P.R., (Ed.), The postdivorce family. Children, parenting and society. Thousand Oaks, London, New Delhi: Sage, 1999
Beck-Gernsheim, E., Auf dem Weg in die postfamiliale Familie. Von der Notgemeinschaft zur Wahlverwandtschaft. In: Beck, U., Beck-Gernsheim, E., (Hg). Riskante Freiheiten. Frankfurt aM: Suhrkamp, 1994
Bozon, M., Amour, désir et durée. Cycle de la sexualité et rapport entre hommes et femmes. In: Bajos, N., Bozon, M., Ferrand, A., Giami, A., Spira, A., (eds). La sexualité aux temps du sida. Paris, PUF, 1998
Bozon, M., Sexuality, gender and the couple. A sociohistorical perspective. Annual Review of Sex Research 2001; 12: 1-32
Brüderl, J., Klein, T., Die Pluralisierung partnerschaftlicher Lebensformen in Westdeutschland, 1960-2000. In: Bien, W., Marbach, J.H., (Hg.) Partnerschaft und Familiengründung. Ergebnisse der dritten Welle des Familiensurvey. Opladen: Leske + Budrich 2003
Bucher, T., Hornung, R., Buddeberg, C., Sexualität in der zweiten Lebenshälfte. Ergebnisse einer empirischen Untersuchung. Z Sexualforsch 2003; 16: 249-270
Clement, U., Sexualität im sozialen Wandel. Eine empirische Vergleichsstudie an Studenten. Stuttgart: Enke, 1986
Clement, U., Systemische Sexualtherapie. Stuttgart: Klett-Cotta 2004
Clement, U., Starke, K., Sexualverhalten und Einstellungen zur Sexualität bei Studenten in der BRD und in der DDR. Ein Vergleich. Z Sexualforsch 1988; 1: 30-44

Dekker, A., Matthiesen, S., Beziehungsformen im Lebensverlauf dreier Generationen. Sequenzmusteranalyse von Beziehungsbiographien 30-, 45-, und 60-jähriger Männer und Frauen in Hamburg und Leipzig. Zeitschrift für Familienforschung 2004; 16: 38-55

Dekker, A., Matthiesen, S., Beziehungsbiographien im Längsschnitt – drei Generationenportraits. Eine empirische Untersuchung zu Beziehungen und Sexualität im Lebensverlauf. BIOS Zeitschrift für Biographieforschung, Oral History und Lebensverlaufsanalysen 2004, 17: 11-34

Dekker, A., Schäfer, S., Zum Sampling-Bias empirischer Studien über männliche Homosexualität. Zeitschrift für Sexualforschung 1999; 12: 350-361.

Dekker, A., Schmidt, G., Patterns of masturbatory behaviour. Changes between the Sixties and the Nineties. Journal of Psychology and Human Sexuality 2002; 14: 35-48

Erzberger, C., Sequenzmusteranalyse als fallorientierte Analysestrategie. In: Sackmann, R., Wingens, J. (Hg.). Strukturen des Lebenslaufs. Übergang – Sequenz – Verlauf. Statuspassagen und Lebenslauf Band 1. Weinheim/München: Juventa 2001a

Erzberger, C., Über die Notwendigkeit qualitativer Forschung. Das Beispiel der Alleinerziehungszeiten in quantitativen Daten. In: Kluge, S., Kelle, U. (Hg.). Methodeninnovation in der Lebenslaufforschung. Integration qualitativer und quantitativer Verfahren in der Lebenslauf- und Biographieforschung. Weinheim/München: Juventa 2001b

Giddens, A., Modernity and self-identity. Self and society in the late modern age. Cambridge: Polity Press, 1991

Giddens, A., Wandel der Intimität. Sexualität, Liebe und Erotik in den modernen Gesellschaften. Frankfurt aM: Fischer, 1993

Giese, H., Schmidt, G., Studenten-Sexualität. Verhalten und Einstellung. Reinbek: Rowohlt 1968

Haavio-Mannila, E., Kontula, O., Rotkirch, A., Sexual lifestyles in the Twentieth Century. A research study. Houndsmills, Basingstoke (UK), New York: Palgrave, 2002

Haavio-Mannila, E., Kontula, O., Rotkirch, A., Sexuelle Lebensstile in drei Generationen. Eine Analyse autobiographischer Geschichten über Sexualität und Beziehung. Z Sexualforsch 2003; 16: 143-159

Hartmann, U., u.a.: Sexualität in der Arzt-Patient-Kommunikation. Ergebnisse der „Globalen Studie zu sexuellen Einstellungen und Verhaltensweisen". Sexologie 2002; 9: 50-60

Hotfilter-Menzinger, C., Keine Lust auf Lust. Sexualität nach der Geburt. München: Pieper, 1995

Hradil, S., Vom Leitbild zum „Leidbild". Singles, ihre veränderte Wahrnehmung und der „Wandel des Wertewandels". Z Familienforsch 2003; 15: 38-54

Johnson, A.M., Coppas, A., Assessing participation bias. In: Bancroft J (ed). Researching sexual behavior. Methodological issues. Bloomington, Indianapolis: Indiana University Press, 1997

Johnson, A.M., Wadsworth, J., Wellings, K., Field, J., Sexual attitudes and lifestyles. Oxford u.a.: Blackwell, 1994

Kaufmann, J.-C., Schmutzige Wäsche: Zur ehelichen Konstruktion von Alltag. Konstanz: UVK, 1994

Kaufmann, J.-C., Mit Leib und Seele. Theorie der Haushaltstätigkeit. Konstanz: UVK 1999

Kaufmann, J.-C., Singlefrau und Märchenprinz. Über die Einsamkeit moderner Frauen. Konstanz: UVK, 2002

Kinsey, A.C., Pomeroy, W.B., Martin, C.E., Sexual behavior in the human male. Philadelphia, London: Saunders, 1948

Kinsey, A.C., Pomeroy, W.B., Martin, C.E., Gebhard, P.H., Sexual behavior in the human female. Philadelphia, London: Saunders, 1953

Klein, T., Partnerschaft im Wandel? In: Busch, F.W., Nauck, B., Nave-Herz, R. (Hg.). Aktuelle Forschungsfelder der Familienwissenschaft. Würzburg: Ergon, 1999

Klusmann, D., Sexuelle Wünsche und die Dauer der Beziehung. In: Schmidt, G. (Hg). Kinder der sexuellen Revolution. Kontinuität und Wandel studentischer Sexualität 1966 – 1996. Gießen: Psychosozial Verlag, 2000

Klusmann, D., Sexual motivation and the duration of partnership. Arch Sex Behav 2002; 31: 275-287

Kontula, O., Haavio-Mannila, E., Sexual pleasures. Enhancement of sex life in Finland 1971 – 1992. Dartmouth (UK): Aldershot, 1995

Koppetsch, C., Burkart, B., Die Illusion der Emanzipation. Zur Wirksamkeit latenter Geschlechternormenim Milieuvergleich. Konstanz: UVK, 1999

Laumann, E.O., Gagnon, J.H., Michael, R.T., Michaels, S., The social organization of sexuality. Sexual practices in the United States. Chicago, London: University of Chicago Press, 1994

Laumann, E.O., Michael, R.T. (eds). Sex, love and health in America. Private choices and public policies. Chicago, London: University of Chicago Press, 2001

Laumann, E.O., Paik, A., Rosen, R.C., Sexual dysfunctions in the United States: Prevalence and predictors. J Amer Med Ass 1999; 218: 537-544

Marbach, J.H., Familiale Lebensformen im Wandel. In: Bien, W., Marbach, J.H. (Hg.). Partnerschaft und Familiengründung. Ergebnisse der dritten Welle des Familiensurvey. Opladen: Leske + Budrich 2003

Matthiesen, S., Die Sexualität des Mannes unter dem Gesichtspunkt der Veränderungen im Geschlechterverhältnis. In Seikowsky, K., Starke, K. (Hg.). Sexualität des Mannes Lengerich: Pabst, 2002

Matthiesen, S., Partnerschaftsbiographien im sozialen Wandel. Eine empirische Untersuchung über die Veränderungen von Beziehungen und Sexualität in den letzten vier Jahrzehnten. Gießen: psychosozial (in Vorb.)

Matthiesen, S., Hauch, M., Wenn sexuelle Erfahrungen zum Problem werden. Familiendynamik 2004;. 29: 139-160

Moynihan, R., Wie eine Krankheit gemacht wird: Female Sexual Dysfunktion. Z Sexualforsch 2003; 16: 167-174

Napp-Peters, A., Scheidungsfamilien. Stuttgart: Eigenverlag des Deutschen Vereins für öffentl. und private Fürsorge, 1988

Peuckert, R., Familienformen im sozialen Wandel. 5. überarbeitete und erweiterte Auflage. Wiesbaden:VS Verlag für Sozialwissenschaften, 2004

Pinl, C., Das faule Geschlecht. Wie Männer es schaffen, Frauen für sich arbeiten zu lassen. Frankfurt a.M.: Eichborn 1994

Plummer, K., Telling sexual stories. Power, change and social worlds. London: Routledge, 1995

Plummer, K., Foreword. In Simon, W., Postmodern sexualities. London, New York: Routledge, 1996

Rosen, R.C., Laumann, E.O., The prevalence of sexual problems in women: How valid are comparisons across studies? Archives of Sexual Behavior 2003; 32: 209-212

Rost, H., Schneider, N.F., Differentielle Elternschaft .Auswirkungen der ersten Geburt für Männer und Frauen. In: Nauck, B., Onnen-Isemann, C. (Hg.) Brennpunkte aktueller Familienforschung. Familie als Generationen und Geschlechterbeziehung im Lebensverlauf. Neuwied: Luchterhand, 1995

Schäfer, S., Schmidt, G., Gleich- und gegengeschlechtliche Beziehungen. In: Schmidt, G., (Hg). Kinder der sexuellen Revolution. Kontinuität und Wandel studentischer Sexualität 1966 – 1996. Gießen: Psychosozial Verlag, 2000

Schmidt, G., (Hg) Jugendsexualität. Sozialer Wandel, Gruppenunterschiede, Konfliktfelder. Stuttgart: Enke, 1993

Schmidt, G., Sexuelle Verhältnisse. Über das Verschwinden der Sexualmoral. Reinbek: Rowohlt 1998
Schmidt, G., „Wir sehen immer mehr Lustlose". Zum Wandel sexueller Klagen. Familiendynamik 1998; 23: 348-365
Schmidt, G., (Hg). Kinder der sexuellen Revolution. Kontinuität und Wandel studentischer Sexualität 1966 – 1996. Gießen: Psychosozial Verlag, 2000
Schmidt, G., Das neue Der Die Das. Über die Modernisierung des Sexuellen. Gießen: Psychosozial Verlag, 2004
Schmidt, G., Matthiesen S. Spätmoderne 60jährige. BzgA Forum 1/2 2003; 16-24
Schmidt, G., Matthiesen, S., Meyerhof, U., Alter, Beziehungsform und Beziehungsdauer als Faktoren sexueller Aktivität in heterosexuellen Beziehungen. Eine empirische Studie an drei Generationen. Z Sexualforsch 2004; 17: 116-133
Schmidt, G., Starke, K., Matthiesen, S., Dekker, A., Starke, U., Beziehungsformen und Beziehungsverläufe im sozialen Wandel. Eine empirische Studie an drei Generationen. Z Sexualforsch 2003; 16: 1-38
Schmidt, G., Stritzky, J. v., Beziehungsbiographien im sozialen Wandel. Ein Vergleich dreier Generationen. Familiendynamik 2004; 29: 78-100
Schneider, N.F., Zur Lage und Zukunft der Familie in Deutschland. Gesellschaft – Wirtschaft – Politik (GWP) 2002; 2: 511-544
Schneider, N.F., Elternschaft heute. Gesellschaftliche Rahmenbedingungen und individuelle Gestaltungsaufgaben. Einführende Betrachtungen. In: Schneider, N.F., Matthias-Bleck, H. (Hg.). Elternschaft heute. Gesellschaftliche Rahmenbedingungen und individuelle Gestaltungsaufgaben. Zeitschrift für Familienforschung, Sonderheft 2, Opladen: Leske + Budrich 2002
Schütze, Y., Wandel der Mutterrolle. Wandel der Familienkindheit. In: Herlth A u.a. (Hg.) Spannungsfeld Familienkindheit. Neue Anforderungen, Risiken und Chancen. Opladen: Leske + Budrich, 2000
Sigusch, V., Schmidt, G., Jugendsexualität. Dokumentation einer Untersuchung. Stuttgart: Enke, 1973
Spira, A., Bajos, N., ACSF Group. Sexual behaviour and AIDS. Dartmouth (UK): Aldershot, 1994
Starke, K., Lust ohne Ende? Älterwerden und Sexualität. Sexualmedizin für den Arzt.2000; Heft 4: 6-10
Starke, K., Nichts als die reine Liebe. Beziehungsbiographien und Sexualität im sozialen und psychologischen Wandel: Ost-West-Unterschiede. Lengerich: Pabst 2005 (im Druck)
Starke, K., Friedrich, W., Liebe und Sexualität bis 30. Berlin: Deutscher Verlag der Wissenschaften, 1984
Starke, K., Weller, K., Deutsch-deutsche Unterschiede 1980-1996. In: Schmidt, G., (Hg.). Kinder der sexuellen Revolution. Kontinuität und Wandel studentischer Sexualität 1966-1996. Eine empirische Untersuchung. Gießen: Psychosozial-Verlag, 2000
Thompson, R.A., Amato, P.R., (Ed.). The postdivorce family. Children, parenting and society. Thousand Oaks, London, New Delhi: 1999
Tiefer, L., Sex is not a natural act. Cambridge/Mass.: Westview, 2004
Traub, A., Neue Liebe in getrennten Haushalten. Zur Bedeutung von Living-apart-together-Partnerschaften für das Wohlbefinden und Stresserleben alleinerziehender Mütter. Berlin: Logos 2005
Weeks, J. (im Gespräch mit Schmidt, G.). „Homosexualität und Heterosexualität sind doch Fiktionen …". Z Sexualforsch 2004; 17: 60-69
Weeks, J., Heaphy, B., Donovan, C., Same sex intimacies. Families of choice and other life experiments. London: Routledge, 2001

Weller, K., Starke, K., Veränderungen 1970 – 1990 (DDR). In: Schmidt G (Hg). Jugendsexualität. Sozialer Wandel, Gruppenunterschiede, Konfliktfelder. Stuttgart: Enke, 1993
Weller, K., Starke, K., Ostdeutsche Studierende 1972 – 1996. In: Schmidt, G. (Hg). Kinder der sexuellen Revolution. Kontinuität und Wandel studentischer Sexualität 1966 – 1996. Gießen: Psychosozial Verlag, 2000
Wetterer, A., Rhetorische Modernisierung: Das Verschwinden der Ungleichheit aus dem zeitgenössischen Differenzwissen. In: Knapp, G.A., Wetterer, A. (Hg.). Achsen der Differenz. Gesellschaftstheorie und feministische Kritik II. Münster: Verlag Westfälisches Dampfboot, 2003
Willi, J., Psychologie der Liebe. Persönliche Entwicklung durch Partnerbeziehungen. Stuttgart: Klett-Cotta 2002

Lehrbücher

Heinz Abels
Einführung in die Soziologie
Band 1: Der Blick auf die Gesellschaft
2., überarb. und erw. Aufl. 2004. 436 S.
Hagener Studientexte zur Soziologie.
Br. EUR 19,90
ISBN 3-531-33610-X
Band 2: Die Individuen in ihrer Gesellschaft
2., überarb. und erw. Aufl. 2004. 463 S.
Hagener Studientexte zur Soziologie.
Br. EUR 19,90
ISBN 3-531-33611-8

Martin Abraham / Günter Büschges
Einführung in die Organisationssoziologie
3. Aufl. 2004. 303 S. Studienskripten zur Soziologie. Br. EUR 19,90
ISBN 3-531-43730-5

Eva Barlösius
Kämpfe um soziale Ungleichheit
Machttheoretische Perspektiven
2004. 255 S. Hagener Studientexte zur Soziologie. Br. EUR 19,90
ISBN 3-531-14311-5

Nicole Burzan
Soziale Ungleichheit
Eine Einführung in die zentralen Theorien
2. Aufl. 2005. 209 S. mit 25 Abb. Hagener Studientexte zur Soziologie. Br. EUR 17,90
ISBN 3-531-34145-6

Erhältlich im Buchhandel oder beim Verlag.
Änderungen vorbehalten. Stand: Juli 2005.

Bernhard Gill
Schule in der Wissensgesellschaft
Ein soziologisches Studienbuch
für Lehrerinnen und Lehrer
2005. 311 S. mit 32 Abb. Br. EUR 19,90
ISBN 3-531-13867-7

Paul B. Hill / Johannes Kopp
Familiensoziologie
Grundlagen und theoretische Perspektiven
3., überarb. Aufl. 2004. 358 S. mit 8 Abb.
Studienskripten zur Soziologie.
Br. EUR 26,90
ISBN 3-531-43734-8

Michael Jäckel
Einführung in die Konsumsoziologie
Fragestellungen – Kontroversen – Beispieltexte
2004. 292 S. Br. EUR 24,90
ISBN 3-531-14012-4

Wieland Jäger / Uwe Schimank (Hrsg.)
Organisationsgesellschaft
Facetten und Perspektiven
2005. 591 S. Hagener Studientexte zur Soziologie. Br. EUR 26,90
ISBN 3-531-14336-0

www.vs-verlag.de

VS VERLAG FÜR SOZIALWISSENSCHAFTEN

Abraham-Lincoln-Straße 46
65189 Wiesbaden
Tel. 0611.7878-722
Fax 0611.7878-400

Printed by Books on Demand, Germany